「マンション建替え、このタフな事業に取組むすべての人に捧ぐ」

建替え待ったなし

本多伸行
富山義則 著

マンション建替えに取組む時、知っておくべき18のポイント

■はじめに

この本を「DIK マンション小石川」のマンション建替事業に理事長として立ち向かった富山義則氏と二人で書くことになった経緯は富山理事長執筆の後半冒頭に富山氏が書かれた通りであります。「気軽にマンション建替え推進委員会の委員長を引き受け、その流れで建替組合の理事長にもなったが、マンションの建替えがこんなに大変だとは思わなかった。ここで勉強したことを自分の頭の中にしまっておくだけでなく同じような苦労をしている人々の少しでもお役に立たせたい」と言う趣旨であったのですが、私もアドバイザーとしてマンション建替えについてのセミナーの講師を務めたり、東京都の防災・建築まちづくりセンターからのマンション建替えアドバイザー派遣で管理組合を訪ねたりしますと再生検討初動期の管理組合の理事会や再生検討委員会のメンバーの多くから「うちのマンションは建替えられますか?」「建替えに向けて何をどのように進めたらいいのでしょう?」「一応再生委員会を立ち上げたのですが具体的に何をすればいいか判らないので相談したいのですが……」と言うような質問をいただくことが多いのです。国土交通大省（以下国交省）からマンション再生に関するマニュアルがかなり出ています。まずは建替えか修繕かで迷ったら「マンションの建替えか修繕かを判断するためのマニュアル」、改修関連では「改修によるマンションの再生手法に関するマニュアル」「マンション耐震化マニュアル」、建替えに関しては「マンション建替えに向けた合意形成に関するマニュアル」「マンションの建替え実務マニュアル」、団地の再生検討でしたら「団地型マンション再生マニュアル」といった具合です。これらは無料でダウンロードできますのでお役立て下さい。

しかし素人の理事がこれらを全部読んで理解し、重要な部分とそうでない部分を識別し、活用するのは大変なことです。プロだって全部は読んでいませんし、必要な時に必要な箇所を参考にします。勉強は大切ですが経験も知識もない理事が「建物の区分所有に関する法律」や**「マンションの建替え等の円滑化に関する法律」**そして各マニュアルを勉強してマンションの再生検討を進めようというのは、ルールブックと技術書を読んでゴルフコースにプレイしに行こうとするようなものです。何がワンペナで何がツーペナか覚えても、道具のそろえ方もスイングのコツもラウンドのマナーも分からないでしょう。彼にとってはやはり判らない事を相談できる経験豊富な友達やレッスンをしてくれる先生が必要です。

この本は立派なマニュアルでもマンション再生に関するテキストでもありません、しかし実際に建替えで苦労した建替組合理事長の体験談を書いていますし、未熟ではありますが、いくつものマンション建替えに取組んだアドバイザーが建替え検討のポイントについてコメントしています。この本が、まだ専門家への依頼の段階まで進んでいないマンションや再生検討を進めようとしている活動初期の理事や委員の方の参考になれば幸いです。

本多伸行

注1：なお本書では**「マンションの建替え等の円滑化に関する法律」**における用法に倣い、**「建替え決議」**等法律に関する場合は『建替え』とし、「建替事業」「建替組合」等一般名詞の場合は『建替』とした

注2：本文中太字表記の語句は巻末の「用語解説」に詳細を記した

■目次

1

マンション再生の一般的なことを知ろう

まずはマンションと老朽化マンション再生に関する基礎について

老朽化したマンションはたくさんあるが、建替えに成功したマンションは少ない。つまりマンション建替えを経験したマンション住人も少なければマンション建替えの専門家も単に更地にマンションを建てる専門家と比べると非常に少ないということです。

国交省が出している数字では1981年（昭和56年）以前の旧**耐震基準**によって建てられたマンションは約106万戸あります。2002年（平成14年）にマンションの建替え等の円滑化に関する法律（以下、円滑法）が制定されてから毎年建替えられるマンションは年間1000戸程度です。このペースで行くと旧**耐震基準**でできた築40年以上のマンションをすべて建替えるのに1000年かかることになります。既に戸建も含め、空き家の増加、相続が重なり所有者が判らない住戸の増加等が社会問題になっています。老朽化の進行により色々な問題に拍車がかかり管理費や修繕積立金の徴収が滞ったり、管理不全に陥ったり、スラム化が進む住戸が増え、そう遠くない将来、こういった状況が日本の環境問題、社会問題に大きな影を落とすことは間違いありません。

こうした事態を踏まえて国交省や東京都などの行政もあの手この手を打つのですが、老朽化マンションの建替えが思うように進んでいないのが現実です。

そもそもマンションとはなにを指すのか？

かつては日本の住居の形態としては土地の上に木造平屋の家が建っているのが一般的でしたが、関東大震災（1923年）の復興支援のために1924年設立された同潤会によって東京、横浜に鉄筋コンクリート造の集合住宅が建設されるようになりました。その頃は同潤会アパートと呼ばれていました。マンションという言葉は立派な建物というのが元々の英語での意味です、昭和30年代からデベロッパーが高級志向の集合住宅にこのような名前を付けて分譲してから日本では、鉄筋コンクリート造の比較的大きな集合住宅にこの呼び名が定着しました。また首都圏では高度経済成長と共に地方から多くの人口が流入し、住宅不足が課題となったことを受け、1955年に設立された日本住宅公団により都市近郊に大規模な団地の開発が進められました。利便性の高い都心の土地には限りがあり建物を建てる事よりも建物を建てる土地を入手することの方が困難になってくると土地の高度利用が図られるようになります。そこで一つの建物の中にいくつもの住居を区分し、それぞれを販売する分譲マンションが数多く建てられました。

外から見ると区別がつきませんがマンションには分譲マンションと建物全体が賃貸であるマンションが存在します。本書で扱うのは分譲マンションです。賃貸マンションはUR賃貸であろうと、個人が持っているものであろうとワンオーナーです。個人の住宅と同様オーナーが「よし建替えよう」と決断すれば居住者に退去していただく手続きは必要ですがいつでも建替えることができます。しかし分譲マンションは少なくとも複数のオーナーが存在し、それが建替えを困難にしています。大型の分譲団地では1000人以上のオーナーがいるケースも有ります。

マンションを取り巻く法令の歴史

当時はマンションのための法律はありませんでしたので、マンションにおける決まりごとを定める法律は民法でした。民法では共有財産の処分は共有者の全員同意が必要でしたので当時、マンションの建替えを行おうとしたとき100戸のマンションでは99人が賛成でも1人の反対者がいると建替えは出来ませんでした。その後1962年にマンション法とも呼ばれた「建物の区分所有等に関する法律（以下区分所有法）」が成立し、マンションの法的根拠が明確化されました。

区分所有建物とは「一棟の建物に構造上区分された数個の部分で独立して住居、店舗、事務所又は倉庫その他建物としての用途に供することができるものがあるときは、その各部分は、この法律の定めるところにより、それぞれ所有権の目的とすることができる」（区分所有法第1条）となっており、区分所有建物はマンションとは限りませんが、分譲マンションは明確に区分所有建物であります。

そしてマンションを建替える手法として行政の認可を受けて、区分所有者の皆さんが**マンション建替組合**を作り建替事業を行えるように、平成14年「マンションの建替えの円滑化等に関する法律（以下円滑化法）」ができました。これにより建替えを行う団体の法的位置づけや運営ルールが明確化されるとともに従前の権利を再建マンションに円滑に移行させるための仕組み（権利変換）が市街地再開発事業を参考に導入されました。

「マンションとは」2以上の区分所有者が存する建物で人の居住の用に供する専有部分のあるものをいう。（円滑化法第2条）

そして区分所有法の改正により、当初は建替えるためにはその建物の維持に過分な費用が掛かる場合に限られていましたが5分の4の建替え決議の成立だけで建替えが可能になりました。つまり建ってからわずか10年のマンションでもいろいろな事情で区分所有者の（正確には議決権と区分所有者数の）5分の4が賛成すればマンションの建替えは実現します。また団地の一括建替えも可能となりました。さらに、円滑化法の改正により耐震性不足が認定されたマンションと団地の敷地一括売却が可能となりました。その他にも都市再開発法の改正により再開発事業で大型団地の再生が可能となる等、国交省も老朽化したマンションや団地の再生のためにいろいろと手を尽くして多数決で実施可能なマンションの再生手法の選択肢を増やしていますが、残念ながらそれらの建替えは期待通りには進んでいません。

2

自分のマンションの状態と対応策の選択肢を考えてみよう

耐震性能、給排水管の事故、修繕積立金の残高、長期修繕計画、管理組合が機能しているか、コミュニティーは存在するか高齢者となっても健康な体で人生を楽しむためには自分の身体のこと、特に健康状態を認識し、健康状態を維持する術を知ることが大切なように、竣工後長い年月が経っても快適なマンションライフを楽しむためには、自分のマンションの耐震性能をはじめとする住宅としての性能が健全か、給排水管の事故は起きていないか、これから修繕や改修にどの位の費用が見込まれるのか、長期修繕計画は立ててあるのか、修繕積立金の残高はいか程で、長期修繕計画通りの修繕が滞りなくできるのか、管理組合が機能しているか、コミュニティーは存在するか等々自分のマンションの状態を認識し、課題があるとすれば、その対応策について考えをめぐらすことが必要です。

マンションに限らずこの世に存在するものはすべて必ず歳をとります。人は時と共に成長し、また円熟味を増したりします（たまに増さない人もいます）。ワインやチーズも時を経て熟成します。しかし残念ながらマンションは竣工した翌日から老朽化が始まります。

マンションの維持管理を目的とした管理組合がマンションの区分所有者全員を組合員として必然的に組織されます。しかし管理組合が健全に機能しているかどうかはケースバイケースです。建物が歳を取り不具合が生じた場合、普通は戸建でもマンションでも修繕を行います、ただ戸建住宅のオーナーは我が家の修繕の為に毎月お金を蓄えたりしている人は稀でしょう。（自分の老後の為にお金を蓄えている人はそれなりにいらっしゃるでしょうが）マンションでは修繕が必要になったときに急にオーナー全員から修繕費を集めるのは至難の業なので修繕積立金を毎月集めてその時に備えているのが一般的です。ひと昔前は販売しやすさの為に修繕積立金を低く抑える傾向がありましたが、そのために長期修繕計画を立てると積立金の額の少なさに愕然として修繕積立金をアップするために４分の３の賛成が必要な管理規約の変更を議決するために理事会が苦労するということがあちこちで起きて、今時は修繕積立基金等の名目でマンション購入時に数十万円を徴収されたりします。

長期修繕計画で10数年ごとに設定されている大規模修繕はまさにマンションを購入当時に近い状態で健全に維持するために必要な共用部全体の修繕です。そして3回目の大規模修繕をむかえる築30～40年頃から「単に長期修繕計画に基づいて修繕をしていていいのだろうか、他の再生手法も検討した方が良いのではないか」と言った意見が組合員の間から出始めるのがここ10年～15年の傾向と言えます。これは2002年（平成14年）にマンション建替え等の円滑化法が施行されたこと、1981年に建築基準法の**耐震基準**が大きく変わりこの時以前に建てられた建築物を旧**耐震基準**建物と呼ばれるようになった時代背景とも関係していると思われます。

また、1960年代から都市における住宅不足に対応するために急速に普及していったのがマンションという住居形態ですが、その頃からの30年間のマンションの進化はこ30年間の進化と比較すると前者の進化の度合いの方がはるかに大きいと言えます。先程の耐震性能は言うに及ばずスラブや壁の厚さが増したことやサッシュの進化による遮音性能の向上、多種多様な家電製品の普及による電気容量のアップとエアコンや給湯器の室外機スペースの確保、高性能換気扇やオーブンレンジ、食洗機等を組み込んだシステムキッチン、高機能型のユニットバスやトイレの装備、床暖房やセキュリティーシステムといった設備や機能性の向上だけでなく外装材、内装材、バルコニー等のデザインやウォークインクロゼットやシューズインクロゼット等収納スペースの充実、そして修繕や改修ではどうにもならない天井高さ、キッチンやリビングの広さの拡大、はてはマンションのタワー化まで前半30年の進化は目覚ましいものがありました。つまり鉄筋コンクリート等の躯体における物理的老朽化よりも機能的、文化的な面における時間当たりの老朽度が初期のマンションほど大きいと言えるのです。21世紀に入ってから建てられたマンションは恐らく50年後の新築マンションとそれほど居住感や快適性は変わらないのではないかと思われますが１９６０年代当時のマンションは35年から40年もたつとバリアフリーを含め機能的、文化的老朽化が大きく進み修繕積立金の不足も手伝ってマンションの再生手法に建替えの検討も視野に入れざるを得なくなって来ました。

❸

マンション住民で意見交換をしよう

他人の考えが判らないと考えの共有は出来ない

マンション建替え検討の発端は色々です。DIK小石川マンションは東京都特定緊急輸送道路に面していて義務的に**耐震診断**を行い耐震性能が低いことが明らかになったことが発端でした。また、1984年以前の旧**耐震基準**のマンションや老朽化がかなり進んだマンション、東日本大震災で大きなクラックが入ったマンション、大規模修繕を行うにあたり組合員の間から「マンション建替えの可能性について検討したらどうか」という声がでてきたマンション等々。

理由はいろいろですが、管理組合の組織がしっかりしていれば理事会で、そうでなければ有志が集まって自分のマンションの将来を語り合うことから段々と再生論議が進んで行きます。そしてその会話を重ねる中から自分たちのマンションの問題点、それらに対するそれぞれの認識と関心の度合い、メンバーの仕事や職歴、マンション再生と関連する仕事仲間や交友関係等色々なことが見えてきます。また冷静に合理的な判断をする人、行動力のある人、協調性のある人、責任感の強い人そしてリーダーシップのある人が浮かび上がってきます。マンションの再生を成功に導くには皆が信頼できるリーダーの存在がカギになります。何はともあれマンション住民のコミュニケーションが重要であり、そこからすべてが産まれます。この本の後半、「建替えを成功させる10の心得」(DIK小石川マンションの建替の実録)を書いている富山理事長もこういったコミュニケーションから建替えを進める上で大切な仲間たちを見出し、困難な建替えを成功に導きました。

このとき大切なことは他人の話をよく聞くことです。マンションの権利者は当然のことですが年齢も、家族構成も、経済状況も、仕事も、生い立ちもそして考え方も違います。マンションの建替決議は区分所有者数と議決権数の5分の4以上が賛成しないと成立しません。この数字はすごい数字で、はなから建替えの話を聞いてくれない人、連絡が取れない人などもいるので基本的にマンションの権利者で話ができる人は全員味方につける気持ちがなければ建替え決議にはたどり着けません。人は自分の話を聞いてくれない人の話は聞きません。まずはその人がどのような事情を抱え、何に困っており、何を不安に思っているのかを丁寧に聞いて、その人を理解するように努めることです。もちろん多くの権利者に対しては事業協力者やコンサルタントが対応するわけですが、委員会運営においても説明会や総会においても委員長や理事長は前面に立つ機会が少なくありません。そういう場面で反対意見や文句を言うことにエネルギーを惜しみなく使う人は必ずいます。そういう人たちへの対応でリーダーや役員の姿勢が見えてきます。右を向きたい人も左を向きたい人もみんなを仲間にするって、そんなの無理じゃない？　と思われるかもしれませんが、「全員を仲間にする」この気持ち無くしてマンション建替えは出来ないと承知するべきです。

4

再生手法の選択肢を比較検討してみたいのですが

何のための比較検討か、手法を選ぶ視点をどこに置くか

マンションの中で有志を集い自分たちのマンションの再生を真剣に考えましょうよ、と言う話になってきた時に考えるべきことは何でしょう、少し理屈っぽいですが再生について考えるべきことを整理することです。

経験や知識があまりない場合、一生懸命考えようと思っても何をどう考えたらよいのかが良く判らないというのが普通です。そもそも私は一生懸命考えるというフレーズがあまり好きではありません。ジャンプをするときはもっと遠くへ飛べとか、もっと高く飛べと言うべきでしょう、考えるときは一生懸命ではなく、よりスマートに考えるべきだと思います。既に再生委員会が組織され耐震診断も行い、有効な耐震補強方法がないため委員の意向は建替えしかないよね、と言うような状況でも合意形成がまだあまり進んでいないマンションにおいて私がコンサルティングをする場合は、考えられるすべての再生手法とそれに対する色々な視点からの特徴や評価を1枚のマトリックスにして提示するようにしています。（144ページ〜参照）。つまり1枚のシートに考える（考えられる）範囲と判断のヒントが収まっています。もちろんそれぞれの選択肢にはより詳細な考えるべきことはついて回りますが、大切なことは考える価値の低い選択肢を思考範囲から削除する合理的な判断を行い、少なくとも理屈の上では誰でも納得する再生検討の進め方をすることです。これにより再生検討作業の後戻りを防ぐことができます。また、何故その再生手法を選択するべきなのかを問われたときに誰に対しても合理的な回答が可能になります。もちろんどの再生手法を選択しても課題や不安材料、経済的負担等はあります。ですから各項目を評価する視点としてそれらの手法のメリット、ディメリットは必ず記載します。

大切なのは再生委員会（管理組合）として何故その再生手法を選択したか、その理由が理論的にも感覚的にも皆に説得力を持つという事です。この時留意すべきは選択肢の中に「何もしない」という項目を入れておいてあげる事です。再生委員会の委員の中には「老朽化したマンションの再生を考えるんだから、そのまま何もしないという選択肢は無いだろう」と言う方がいます。それはその通りなのですが建替えの方針で進めましょうとなったときに反対する人の言い分には「この**還元率**では再建マンションで取れる住戸はずいぶん小さくなるし同じ面積にするには負担金がかかるんでしょ、そんなお金無いし、もう年だから今更ローンは嫌です。だいたいが二度の引っ越しなんて考えただけで面倒ください、私はこのままでいいの、大規模修繕とか耐震補強とかお金のかかることもいや、このまま何もしないでいいじゃない」といったたぐいのことを言い出す人が必ず出てきます。何もしなくて問題ないのなら何のための長期修繕計画で、何のための大規模修繕なんだと言いたくなります。

こういった意見を持っている人たちの判断基準の時間的尺度は比較的短い場合が多いのですが、区分所有者の考えに立つと「何もしない」という選択肢は存在します。こういう方達にも納得していただかないと建替えはできないとしたものです。ですから区分所有者の選択肢の中に「何もしない」という項目を入れた上で短期的には平穏なようでも一度大地震が来たときには安心、安全な生活は建物ごと崩壊する可能性がある事、何もしないで老朽化が進めばある段階から加速度的に資産価値の下落が進み、思っていた価格で貸す事も売る事もままならない状況が生まれる可能性がある事も判っていただき、他の選択肢と比較して決して良い選択肢ではないことを理解してもらう必要があります。

5

自分のマンションの再生手法を具体的に考えてみる

すべてのマンションが個別事情を抱えている

先程の再生検討手法を考えるための参考マトリックスは各マスを一般論で埋めることも可能ですが、自分のマンションのマトリックスを作ることが重要です。逆に一般論でしか埋まっていないマスがあるとするとそれはそのマンションとしての検討が不足していて区分所有者が手法を比較し選択するための判断材料が足りないと言えるでしょう。

たとえばちゃんとした長期修繕計画が無いため長期的（25年程度）な修繕費用の予測が立たないとすると建替えと修繕の経済条件、もしくは費用対効果の比較が難しいと言うことになります。また修繕費用の予測についても出来る事でしたら机上の長期修繕計画よりも建物診断（建物の老朽度調査）を行い、そのマンションの現状に鑑みて緊急性の高い修繕項目等を検討した上で長期的にかかる費用と修繕で可能な再生効果が見えていると説得力のある判断材料となります。耐震改修に関する項目は少々難しい面があります。単純に耐震診断をして、その結果をうけて耐震設計を行い耐震補強工事の見積もりを取ればよいというわけではないからです。東京都の第1次緊急輸送道路に面したある高さ以上の旧**耐震基準**で建てられたマンションのように耐震診断が義務化されているような場合を除き耐震診断は管理組合がやるのか、やらないのかを決めます。一般的には旧**耐**

震基準で建てられたマンションが耐震性能に不安があるので耐震診断を行います。しかしながら耐震診断でＮＧが出ても敷地の制約や建物の特性から現在の**耐震基準**相当までその耐震性能を引き上げる有効な耐震補強方法が見つからない場合があります。また仮に補強方法があっても住戸間の不公平感があり、工事費が高額なため多くの場合４分の３以上の賛成が必要となる（１階の独立柱にカーボンファイバーを巻くような形状に大きな変更を与えない場合は２分の１の普通決議で可）特別決議を成立させるだけの組合員の合意が得られないことが少なくありません。

耐震診断の結果はマンションの住戸を譲渡（販売）しようとする際に重要事項説明に記載する義務があるため、結果として、単にマンションの価値を下げただけという状況が発生する恐れがあります。こういったケースを避けるためには総合的な再生手法の検討にどの程度の情報が必要か、またどこまで検討が進んだ段階で二次診断や三次診断をするべきか等を考えながら検討を進める必要があります。こういった検討にはやはり信頼できる専門家が必要になります。

巻末の建替えのマスを埋めて行く作業も専門家の出番と言えます、とは言え現在のマンションの専有面積と再建マンションの専有面積、再建マンションを建てるのにかかる費用と再建マンションの売値が判れば建替えるときの区分所有者にとっての経済条件（建替えた場合に無償で現在所有のマンションの何割くらいの再建マンションの床が取れるかの指標＝還元率、今と同じ面積の再建マンションを手に入れるのにいくら費用が掛かるか等）を出すのはマンション建替えの仕組みさえ判ればそれほど難しくありません。とはいえ、再建マンションの専有面積を出すにも一級建築士事務所に頼むのが一般的なので専門家は必要です。

マンションの建替えを検討するとすべてのマンションが個別事情を抱えていると言えます。**日影規制**や前面道路幅員からくる制限で高さや容積が既存不適格になっているケース、敷地の一部に借地があるケース、専有面積の持ち分と敷地の持ち分が一致していないケース、管理規約に課題があるケース、団地で一部がテラスハウスのため一括建替え決議ができないケース等々。こういった課題を課題と認識し、それを乗り越えるシナリオを描けるかが専門家の力が問われるところです。

6

「建替えを真剣に考えた方がよい」という声が多くなったら……

再生検討委員の心得

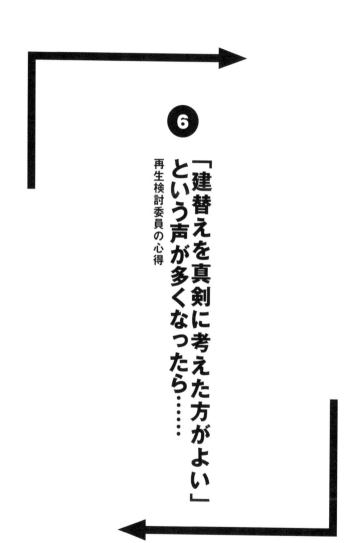

マンションの再生検討を進めるためのテキストはマンション建替えマニュアルをはじめ色々あります。マンション建替えのマニュアルはどれも「こうするべきだ」「こうしなければいけない」がいっぱい並んでいる、というよりもその羅列ともいえます。もちろんマンションを建替えようとすると区分所有法に始まり建築基準法や円滑化法等の法文や、そのマンションの管理規約等の決まりごとを守る必要があります。しかしマンション再生委員会（名称はマンションによって再生検討委員会とか建替え準備委員会とかいろいろですが）の委員や管理組合の理事のほとんどがボランティアでマンションの再生に取り組んでいます。たとえ会合への出席に手当てがあったとしてもその労力や目に見えない苦労に見合うものではありません。その努力の根底には老朽化が進んだ自分のマンションを何とかしたいとか、このままほっておくと下がり続ける資産価値を維持したい、できることなら上げたいという考えはあるでしょうが、そのマンションの皆のためにという一つの使命感のようなものがあると思われます。

しかしながらマンションの建替えはどれをとっても簡単な事業ではありません。建替え検討に積極的に携わろうとしない人々から感謝されればまだしも、説明会や総会にもろくに出席しない人から「そんな話は聞いていない」「説明が足りない」「彼らが勝手にやっている」などと言われるばかりかひどい時は陰口をたたかれたりします。

また、マンションの再生検討は長い時間を要します。私が携わった自治会しかなかった240戸の団地の建替えでコンサルタントをやってもらえますかと相談を受けてから管理組合を立ち上げるところから始めて、建替え決議を成立させて再建マンションの竣工まで4年でこぎつけた例がありますが、これは異例とも言えるほど早いケースです。一般的には長いものでは再生検討を始めてから建替えが完了するまで10年以上なんてのは、ざらにあります。つまりマンションの建替えに携わるメンバーは、義務感と責任感だけでその役割を全うするのは並大抵のことでは無いと言えます。ではどうすればいいのでしょうかか？

再生委員会にメンバーが集い、議論を交わしたり、専門家を交えて勉強をしたり自分の考えを述べたりする事自体を楽しむことです。生真面目な委員の方は自分が古くしたわけでもないマンションの再生を「とにかく何とか成し遂げるのが私たちの義務だ」と思い込んだりしますが、皆で知恵を絞り、アイデアを出して自分たちの資産価値を上げるのは義務ではなくて権利です。本書では建替え検討における私の経験から言える留意点や外してはいけないポイントに触れていますが「マンション建替え」は希望を持って取り組むべき楽しくもあるプロジェクトだ、という視点からのコメントを残したいとの思いで書いています。

7

外部のどのような専門家をどこで入れるか

専門家としてコンサルタントとデベロッパーはどこが違うか

理事会ではマンション再生について色々と検討したり考えたりしますが、「建替えを真剣に考えた方がよい」という声が多くなってきた場合、専門家の話を聴いて、マンション再生の選択肢を検討、整理することをお勧めします。

冒頭に書いたようにマンションの建替え事例はまだまだ少ないと言えます。つまり築35年を超えて3回目の大規模修繕を検討しなければならない状況のマンションに建替えを経験した人が住んでいる確率は極めて少ないでしょう。老朽化が進みつつあるマンションの再生を検討する場合に自分のマンションにその道のプロが住んでいることは非常に心強いことと言えます。100戸を超える規模のマンションであれば大抵、マンション管理に詳しい人、建築設計や建築工事に詳しい人が一人や二人いるものです。しかしマンションの建替えに詳しい人はそう簡単に見つかりません。管理会社に管理業務を委託している場合、管理会社の担当の方は押しなべて区分所有法や管理規約に精通しているのでそれなりに頼りになります。しかしマンション建替えにおける区分所有者の経済条件に関する仕組みについてよく判っている方は少ないので、やはり建替えの検討を広い視野で考え、的確なアドバイスをしてくれるプロのアドバイザーが必要になってきます。

その時に再生委員会が考えを及ぼさないといけないのが「使えるプロの条件」です。「建替えに関する豊富な知識を持っている」これはまあ、それなりに持っていてくれないと困るのですが、他に大切な条件があります。マンションの建替えの検討や合意形成を進めていくと非常に多くの課題や疑問にぶつかります。これらの課題や疑問に一人で答えを出すのは至難の業であり、なまじ自分の知識量や経験に自信を持っている人の方が危ないケースもあります。マンション再生に関わるプロであるなら何らかの資格を持っている方が多いでしょう。マンション建替えアドバイザーやマンション管理士であれば、区分所有法やマンションの管理規約等に関する知識は豊富でしょう。宅地建物取引士であれば不動産や民法等に詳しく一級建築士であれば建築基準法やマンションの構造や設備に詳しいでしょう。しかし、広く多くの事を知っている人は所詮一つのジャンルに特化したプロほどそのジャンルの事を知っているわけではありません。同じ一級建築士でも意匠と構造と設備ではその守備範囲が違います。また、マンションの設計を得意とする人とコンサートホールや劇場を得意とする人ではその人の持っている知識は大きく異なります。資格は無いと仕事をしにくいことはありますが、資格があれば仕事ができるわけではありません。広い知識や経験を持っている人はそれなりに頼りになります、しかし法律はしばしば変わりますし技術も日進月歩です。再生を検討するマンションはそれぞれに個別の事情を抱えています。こういった案件、状況に的確に対応するには仕事に対する謙虚さが要求されます。自分の知識のテリトリーを理解し、マンション建替えに詳しい弁護士、税理士、建築士、不動産鑑定士等多くのネットワークを持ち、自分自身が少しでも疑問を抱いたら各ジャンルの優秀なプロに相談することが重要です。そして何よりも建替えに賛成であろうが反対であろうがどのような権利者に対しても誠実な姿勢を取り続けられる人間力が要求されます。この人間力はマンション建替えに詳しくない再生委員会のメンバーも見抜くことはできます。そして優秀なアドバイザーは多くの課題に対してそれを乗り越えるシナリオを描き、そのシナリオを現実のものとする知恵と情熱と実行力を持っていると言えるでしょう。使えるプロかどうかを見抜くには貴方がその人を信頼できるか、その人が多くの人の信用を得ているか、というシンプルな視点での評価が、多くの資格を持っているか、名刺にどんな肩書きが書いてあるかより大切だと言えます。

　能力のある、そして頼りになるマンション建替えのプロはコンサルタント事務所だけでなくデベロッパーやゼネコンにもいます。ではその所属組織によりどのような違いがあるのでしょうか。実はその知識や合意形成能力等は属人的なもので所属組織によるものではありません。しかしプロは自分の所属組織に利益をもたらすことができるかどうかが問われています、ではその所属組織は何で利益を上げるのでしょうか?

　デベロッパーは建替えるマンションの**保留床**を買い取り、その販売事業で利益を得ます。ゼネコンは建替えるマンションの建設工事を受注することで利益を得ます。ですからマンション建替事業が成立するかどうか判らない建替え推進決議の頃からデベロッパーやゼネコンのプロは無償で建替え検討を支援できます。その先、建替えが成立すればそれぞれの組織の本業でのビジネスチャンスを得ることになるからです。しかしコンサルタントは区分所有者が行うマンション建替事業が成功裏に進むことのためにアドバイスをし、支援すること自体でフィーを得るので、その額の多寡はあっても無償で支援はできません。区分所有者にとっては、無償で支援が得られるのならそれに越したことは無いでしょう。ところが無償で支援してくれる企業それぞれのビジネスチャンスがやってくると、区分所有者と利益相反が訪れます。

マンション建替事業は区分所有者が事業主体者である建替組合が行う事業です。その事業収支を考えた場合、収入は何らかの補助金を受け取る場合や区分所有者の増床負担金を除き基本、デベロッパー（参加組合員）に**保留床**を売却して得る**保留床**処分金です。建替組合としては収入を多くしたいので**保留床**の売却単価を高くしたいのですがデベロッパーとしては企業の利益を上げるためには**保留床**価格は安い程よいという事になります、また何事にもタダというものはないので検討期間にかけた人件費等の企業の経費はマンション分譲事業で回収する必要があります。

但し事業協力者としてのデベロッパーも建替事業が成立しなければビジネスチャンスは無いので、建替え決議を成立させるために社内稟議が通る程度にデベロッパーとしての利益を押さえ、区分所有者の経済条件を上げるために努力を行います。このあたりがデベロッパーのプロジェクト担当者の悩みどころでもあります。

事業の支出は多岐にわたります。再建マンションの設計費用、コンサルタント費用、既存建物の解体費用、再建マンションの建設工事費、事務費や借入金の金利等々マンション建替事業という大きな事業ですからいろいろな費用が出て行きます、しかし支出の8割以上を占めるのが建設工事費です。ここでも建替組合としては建設コストを抑えたいのですが、ゼネコンとしては工事費を上げて利益を確保したいところです。

それと比較してコンサルタントはそれぞれの業務ごとに委託契約を結び管理組合、もしくは建替組合がフィーを払っています、基本的に将来のビジネスチャンスでそれまでかかった費用を回収するわけではありません。そして大きな事業費の支出から見るとコンサルタントフィーは数%に過ぎません、ケースによってはこの数%の支出がその建替事業にそれ以上の大きな効果を与えたりします。

このようにマンション建替えのプロと言っても、その所属母体により違いがありますが、より良い建替えをより早く実現したいという気持ちはみな同じです、この同じ目的に権利者と事業関係者が心を一つにすることが事業の成功に求められているところです。一般的に言われていることでもありますし、私の経験的にもそうですがマンションの建替えを真剣に検討しようという段階になってきたらできるだけ早期に専門家を入れることをお勧めします。

8

建替えは究極の再生手法だがどのマンションでもできるわけではない

建替えをする、しないの前に
建替えができるか・できないかを考える

マンションの再生手法は大きく分けると修繕・改修、耐震補強、建替えの3つに加え近年マンション建替え法の改定により、耐震性不足等が認められたマンション及び団地では敷地一括売却という選択肢が加わりました。そして前述したように再生しなくてよい、つまり何もしなくてこのままでよいという道を選ぶという人も出てきます。このような選択肢の中で修繕・改修や耐震補強は老朽化が進んだマンションの機能、性能、美観、空間、住環境等の一部を改善できますが根本的に改善することは不可能です。建替えだけが現在の最先端のマンションに生まれ変えさせることができます。再生を検討しているメンバーにとっては究極の再生手法である「建替え」は魅力的な響きがあります。しかし、どのマンションでも建替えができるわけではありません。もちろんどんなに条件が悪くても8割以上の議決権と区分所有者が賛成して建替え決議が成立すればマンション建替えは可能です。しかしここで言っているのは、机上の空論ではなく年齢も考え方も経済状態も異なる区分所有者が住んでいる現実のマンションでの話です。これまでに建替えが実現したマンションの大方が**還元率**を公開していないので統計的な数字の上での話ではありませんが、経験的な感覚から申し上げると**還元率**が75%を超えるとかなりの確率で建替え決議が成立しますが50%程度ではそう簡単ではないと言えましょう。もちろん区分所有者の判断は**還元率**だけで決められるわけではなく現在住んでいるマンションが、大きな地震が来たらいつ崩壊してもおかしくない、水道管や配水管が破れる事故がしょっちゅう起きるなど安心して住める状況ではない場合、**還元率**が多少低くても建替えに賛同する区分所有者は増えてきます。

そうはいっても日影規制等の影響で現在と同じ敷地に再建できるマンションの大きさが半分になる場合は既存マンションの解体費用から再建マンションの設計料や建設費を全額権利者が負担して、その結果今の住戸の半分の住戸しか手にすることができません。こんな条件を突きつけられて、やりましょうという区分所有者が8割もいるとは到底考えられません。このようなマンションでは隣接敷地が未利用地であったり、同じように建替えが困難な老朽化マンションが建っている場合では隣接敷地と一体で再建計画を行うことで単独で建替えるより容積率をアップさせ、区分所有者の経済的負担を軽減させることが考えられます。事実、富山氏が建替組合の理事長を務めたDＩＫマンション小石川は、既存マンション竣工後、前面道路が都市計画道路で敷地の一部を提供したため現況敷地に対する容積率オーバーの上、竣工後に施行された日影規制に抵触するため二重の既存不適格状態にあり、自分の敷地だけで建替えを行おうとすると**還元率**は10数%程度でした。隣接敷地を取込み、そのまた北側敷地を事業協力者であった伊藤忠都市開発が購入して取り込み、やっと40数%程度となり、区分所有者と事業協力者の協議の結果、50%まで**還元率**を伸ばしました。これは隣接権利者の同意や事業協力者の建替えが実施できないかもしれないというリスクを抱えた上での協力等いくつかの条件が整ったから成立したのであり、ある意味ラッキーなケースです。またラッキーな状況であったがため、この機会を逃せば、この先当分建替えは絶望的であり、この**還元率**でも建替え決議が成立したと言えましょう。

また、マンション建替えとは異なる手法ですが敷地北側に商業地域とかの用途地域で日影規制が無いエリアがあり再開発が可能な場合は周辺敷地と一緒に再開発事業を行い、周辺環境や防災等に貢献することで、再開発の都市計画の中で容積率をアップさせ、補助金も取得して単独での建替事業と比較すると格段に経済条件を上げることができます。しかしこれこそどこでもできるわけではなく、再開発事業が可能な地区内で、なお設定する再開発区域が不燃建築物の割合や老朽化建物の割合など再開発事業の区域要件にそぐっており、かつそのエリアの権利者の一定の合意率（認可を扱う行政庁によりますが、最終的にはマンション建替事業と同等程度）が求められます。早い話が老朽化マンションの建替えを再開発事業に乗っかり実現できるのは、レアケースだと言えるでしょう。郊外の大型団地の再生を再開発事業で可能にできるように都市再開発法の改正が2016年(平成28年)にされましたが、なかなか進んではいません。

そういった恵まれた周辺環境や立地特性により容積率や経済条件をアップして建替えが可能となったマンション以外は当面、修繕・改修や耐震補強等で、できる限りのマンションの延命処置を取って行くしかありません。戸建住宅では建物の老朽化が進んで住みにくくなった場合、オーナーの判断で建替えを行いますが低層なため日影規制等で元の大きさの住宅が建てられないケースは稀です。ところが中高層のマンションの場合は事情が違います。建築基準法が改正され日影規制が施行されました（1976年）。当時は開発が進み多くのビルやマンションが建てられました、その結果今まで日が差していた庭やリビングに日が差さなくなりました。当時は人権の一つとして日の光の恩恵を受ける権利、日照権があるという主張が大きく取り上げられ日影規制の施行につながりました。日影規制そのものはそれ程複雑ではなく、基本は北側の敷地境界線から5m、10mのチェックラインを引きそのラインに落としていい日影の時間を2時間、3時間とか2・5時間、4時間とかの制限を設けています、これらの具体的な規制は各地方行政庁が条例で定めるのですが、厄介なのはその規制の中でどの程度の建物が建てられるのかを推し量ることです。これは素人ではまず判らないですし、プロでも日影規制で**法定容積率**を使い切れないだろう程度は判りますが、何%の容積率を確保できるかは専用のアプリを使用してシミュレーションを行わないとわかりません。日影規制ができたころはコンピューターも大型でそれほど普及もしておらず、設計マンは日影定規を片手に四苦八苦していました。そして日影規制が施行されても当時すでに建っていたマンションは既存不適格にはなりますが、そのまま存在する分には何も困りはしません。建替えを検討して初めて、かつて制定された日影規制等が知らない間に自分たちの持っている資産価値を押し下げていたと気づくわけです。

いずれにしろ、どのマンションでも建替えができるわけではないという現実が突きつけられます。建替えの進め方を一生懸命に検討する前に、自分たちのマンションを建替えられるかどうかをまず検討するべきです。

9

いくつかの選択肢からどのように進路を決めるか

建替えに舵を切り、進み始めるときには建替え実施までのチャートが必要

前章で述べたように、現実的にはどのマンションでも建替えができるわけではありません。それでもある程度の条件を満たせば建替えの実現に委員のメンバーは希望を持ち始めます。この時重要なのは各再生手法の経済条件を整理してみる事です。国交省監修の「マンションの建替えか修繕かを判断するためのマニュアル」といったかなり難解なものに頼らなくても修繕、耐震改修と建替えの経済条件をある程度整理してあげれば区分所有者の方達はどの選択肢がいけそうか感覚的に何となく判断しています。修繕についてはそれまで何度かの大規模修繕を経験していればそれなりに費用対効果は想定できますし、長期修繕計画を作成していればそれが参考になり、その先の自分のマンションの姿も想像ができます。

耐震補強については、まずそのマンションの耐震性能を検討することが必要ですし、耐震性能が現在の規準に満たない時はその適正な補強方法の有無と費用に関して専門家の支援が必要です。建替えに関する仕組みと経済条件については理解していない人にとっては全くのブラックボックスとなりますので建替えを検討する場合もプロの支援が必要となります。管理会社や住民のネットワークで相談できる人がいればまずはそこからスタートです。各行政で相談窓口やアドバイザーの派遣制度を用意しているところが多いので利用してみるのがよいでしょう。東京都であれば東京都防災・建築まちづくりセンターのマンション建替え・改修アドバイザー制度を活用するのも安上がりでいいと思います。マンション再生の選択肢の整理については25ページからの「4 再生手法の選択肢を比較検討してみたいのですが」を参照して下さい。

いずれにしても自分のマンションの再生手法の選択肢についてその可能性と効果を検討した上である再生手法を選択するわけですが、建替えを選択する場合は他の手法よりも多くのシミュレーションが必要です。まずは現在の建物を取り壊してマンションを建替えるわけですから、どのような再建マンションが建設可能で、専有面積はどの位確保できるか、建替事業の収支、区分所有者にとっての**還元率**、増し床負担金等々そしてその条件の下5分の4の合意形成が可能かどうか、アンケートで現時点での建替え賛成派が70%だった場合、その後どうやって80%以上に押し上げるのか、建替え決議に進む前に乗り越えなければならない障害がある場合、それをどうやって越えていくか、これらのシミュレーションとシナリオ作成はプロの仕事となります。シナリオ通り行きますとは誰も言えませんが、少なくともマンション建替えの海に漕ぎ出すときは目的地へたどり着くチャート（海図）が必要です。

【建築についてひとくさり】

―9章までハーフを回って少し余談―

マンションの建替えが決まり再建マンションの計画が設計事務所により進められ、その平面図や立面図やパースが披露されると必ずと言っていいほどそのプランやデザインの良し悪しが議論されます。駐車場の使い勝手やゴミ出しの動線、自分が望むようなサイズの住戸の有無等は再建マンションに入居する区分所有者としてどんどん意見を言えばいいし、言うべきだと思います。しかしデザインに関しては中々難しいものです、普通、建築や芸術に携わっている人でない限り建築のデザインの良し悪しについての評価基準を持ち合わせていないからです。そこでデザイナーなり評論家のような輩がやれデザインコンセプトや地域特性にマッチしたデザインについていろいろと能書きを語ったりして、皆さんの口を封じてしまいます。私はそれでも区分所有者の皆さんはそのデザインに対する好き嫌いは口に出して言えばいいいし、その権利はあると思っています。

ここからは筆者の全くの私見です。美人やイケメンについての評論家はいないみたいですし、いらないでしょう。人にあれこれ言われなくても男性も女性も街ですれ違っただけで一瞬にして自分の好みの異性を見分けます、しかしワインとなると少々話が異なります。ソムリエやワインにうるさいという輩が、ボディがどうの、ぶどうの品種がどうの、産地やビンテージがどうのと語ります。そして飲む人もそういうものかと感心しながら納得したりします。でもそこにワインがあるのなら飲んでみればいいでしょう。理屈でワインが美味しくなるのなら隣に評論家を座らせてそのワインは素晴らしい、とても美味しいと語らせながら飲めばいい。ワインの権威と言われている人がいくら美味しいと言っても自分が飲んでみて美味しくなければ意味がないでしょうし、他人の美味しいに自分のそれを合わせる意味があるとは思えません。ワインですらこれです。建築に関しては建築家や評論家が、やれコンテクストがどうの造形理念がどうのとワインよりはるかに難解な専門用語をちりばめながらそのデザインの正当性を口にするでしょう。しかし貴方がそのデザインが全然気に入らない時には「難しい話は良く判らないけど、でもこの建物はダサイね」と一発かましてやればよろしい。

⑩

建替えに進路を決めるとき

建替え推進決議とは

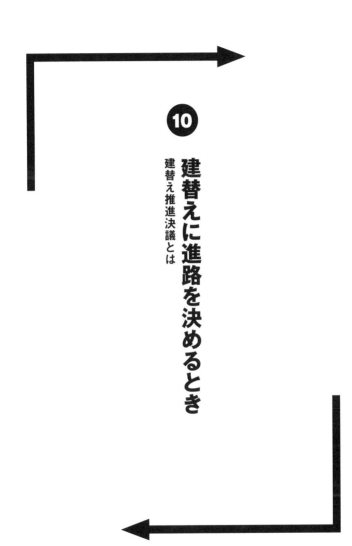

修繕・改修、耐震補強、マンション建替え、敷地売却等をある程度まで比較検討を行うとどの手法の費用対効果がよいかが見えてきます。マンションの再生検討作業を進めて行くとある段階からは、その進路を選別する作業となり、再生手法が絞られてきます。いくつかの再生手法の内から建替えを選択し、進めようと管理組合として決定するときに行われるのが建替え推進決議です。

建替え推進決議は国交省のマニュアルにも出て来るポピュラーな決議の名称ですが、どの法律にも定義されていない名称です。しかし建替えを進めようとする管理組合にとってこの決議は大きな意味を持ちます。

建替え推進決議は、これまで修繕・改修や耐震改修等を含めいろいろと再生の可能性について検討をしてきたが、これからは「建替えを目指して検討を推進する」、「建替え計画を作成する」などの活動方針を管理組合として決定するとともに、検討のための組織と費用などについても決議することを指します。これは、ここから先はあれやこれやでは無く、建替えに向けて進むこととなるので建替えを目指して活動してきたメンバーにとっては歓迎すべきマイルストーンとなります。そこでこれまで「マンション再生検討委員会」などとしていた検討組織の名称も「建替え検討委員会」や「建替え準備委員会」等と変えたりします。

これで建替えに向けて大きく歩を進めることになると思われますが、建替え推進決議は法的に規定がないため総会の普通決議となります。ですから総会の過半数の賛成で可決されるのですが、これがなかなか曲者で、建替え決議では組合員全員の8割以上の賛成が必要です。そして棄権も非賛成者、つまり反対と同様に扱われます。ところが建替え推進決議は一般的には議決権行使書や委任状も含め組合員の過半数の出席で総会が成立して、その過半数の賛成で可決されます。という事は51％×51％≒26％で可決されるという事です。これは極端な話ですが、それでも組合員総数の60％程度で建替え推進決議は成立したけれどそこから合意率が上がらずに建替え決議の招集には至らず、ずるずると検討期間が延びるケースは珍しくありません。推進決議後スムーズに建替え決議に進むためには、やはり推進決議は総会の8割近い賛成が欲しい所です。

また、デベロッパー等の事業協力者を募集する場合も、この建替え推進決議がどのくらいの賛成率で決議されたのかに対して敏感です。建替え決議ができるかどうかはひとえに建替えに対する合意率で決まるからです。

11

建替えを拒む壁とは

マンション建替えが進まないのには訳がある

第1章で述べたように、老朽化マンションの数と比較すると、建替えにより新しく生まれ変わるマンションの数は圧倒的に少ないと言えます。そこには建替えを拒む多くの壁が存在するからです。

老朽化したマンションを建替えるのかそれとも当面修繕や改修で延命を図るのか、この悩ましい決断を区分所有者が迫られるケースは今後増え続けると想像されます。そして老朽化が進んだマンションや団地の場合通常、建物だけでなく住民も高齢化が進んでいます。そのため築40年、50年経ったマンションの再生を真剣に検討しようとしても管理組合の理事や役員にそれだけのエネルギーがない場合が多くなります。そもそも古いマンションには管理組合が無いケースもあります。また、まっとうな修繕積立金を集めていないため何か不具合が起きるとそのつど対処するのですが長期修繕計画もなければ大規模修繕を行う資金もない、と言った状況であり、年金暮らしの高齢化した組合員からしてみると「今更、管理費や修繕積立金を高額にされても困ります」となります。また、建替えについての話にしても「お話はもっともなのでしょうが、私は高齢なので私が死ぬまでこのマンションが持ってくれればいいのです」といった返事が返ってきたりします。

実際に老朽化したマンションにお一人で暮らしていた方が亡くなっても、誰も相続して住もうとしない、相続登記もされない、管理費も払われない、やがて法定相続人も追いかけきれない、といった状況も生まれたりします。映画「私をスキーに連れてって」がヒットした頃はバブリーな時期とも重なり、リゾートマンションに彼女を連れて行きクリスマスパーティーを開くのがステイタスでもありバンバン売れたのですが、やがてブームも去りスキー人口も減り、利用機会も減って行きます。そして夏だけでなく冬も使わなくなると、使わないのに管理費や修繕積立金を支払うのは馬鹿らしいと滞納が増え続け、管理の質が落ちてくる。売却しようとしてもなかなか買い手がつかない。相続が発生しても使わないのにただ管理費と固定資産税を払い続けるマンションを誰も相続しない。次の相続が発生するともう法定相続人も追い切れず共有者が誰なのかも判らなくなったりします。登記簿上の所有者が亡くなっても相続登記が義務付けられているわけではありません。自分の権利を第三者に対抗したいなら登記をしなさいということで、これまでは不動産は誰にとっても価値があるものだと言うのが大前提であり、相続が発生すれば早晩、相続人に所有者の名義が書き換えられていたのですが、それが崩れてきたわけです。

マンションの建替え検討を行っていると、日影規制等でなかなか再建マンションの容積を稼げないケースでは、**従前資産評価**が結構低い場合があります。こんな時その敷地の**路線価**や近くの**公示価格**を挙げ、それに敷地面積を掛けて権利者で分けた数字より低いのはおかしいと言う方がいます。確かにそんな気になるのは判りますが、それが上に建物が乗っている土地の価格の難しさです。例えばマンションの販売事業を行う目的で土地を仕入れようとしているデベロッパーがいるとしましょう。その目的を達成するために必要なものは販売用マンションの専有床面積であります。だとすると同じエリアの同じ**路線価**の**法定容積率**４００％の１０００㎡の土地があっても、Ａの土地は４００％の容積率を使い切るマンションを建てることができ、片やＢの土地は２００％のマンションしか建てることができない場合、どちらの土地に建てたマンションも売値が同じならデベロッパーにとってはＡの土地はＢの土地の倍の値段で買ってもよいことになります。老朽化が進んだマンションを売る時にも原理的には同じことが起きます。例えば、

路線価で坪160万円、**公示価格**ベースで坪2000万円の1000坪の敷地に戸当たり20坪の100戸のマンション（築50年）が200％の容積率で建っていたとしましょう、老朽化が進んでいるため20坪66㎡のマンションは1000万円で取引されていました。このあたりでは20坪の新築マンションは5000万円程です。このマンションの土地持分は10坪ですから**公示価格**ベースでは2000万円分の土地が付いているわけですが、いかんせん建物が古くデザインも外装材もダサイ。と言う訳で1000万円でしか売れない。こんなことは老朽化が進んだマンションではよく起きる事です。いくらこのマンションには2000万円分の土地が付いているのですと言ってもその土地の活用法はその上に建っている古いマンションに住む事しかないのです。5000万円の新築マンションでは同じ土地を2000万円相当で評価できるのです。

つまり老朽化が進んだマンションでは上に建っているマンションが土地の値段を押し下げているわけです。「マンションを建替えることにより資産価値が上がります」というとき、なぜ資産価値が上がるのかというと、これまで有効利用していなかった土地の使用容積率をアップして最有効利用するからです。老朽化した建物が押し下げていた土地の価値を容積率の上がった再建マンションが引き上げるのです。

建替えを拒む壁に話を戻すと建替えができるかどうかは建替え決議が成立するかどうかにかかっています。建替え決議の成立は5分の4の合意形成ができるかどうかにかかっています。そしてこの合意形成に影響を与える一番大きな要素は、区分所有者の資産価値がどの程度上がるのかという点です。資産価値を上げる要素はいくつかありますが大切なのが現在の専有面積を再建マンションでどれほど増やせるかです。1976年(昭和57年)に建築基準法が改正され日影規制が導入されました。また1970年に前面道路の幅員が12m未満の場合、前面道路幅員に0・6を掛けた容積率制限が導入され、1976年には住居系用途地域の場合前面道路幅員に0・4を掛けた容積制限が導入されました。つまり**法定容積率**が300％の住居系用途地域でも前面道路の幅員が6mの場合240％(6×0・4＝2・4)しか建てられず、敷地形状によっては日影規制により200％しか建てられないこともあります。元々300％いっぱい容積率を使って建っていたマンションはそのままでは建替えは困難と言えます。

容積率に余裕がない、容積率が伸びないといったことから区分所有者に対する経済条件が低く、合意形成が困難な例を話しましたが、郊外型の団地ではまた別な悩みがあります。

郊外の駅からバス便の立地の場合、現在では販売価格を下げざるを得ず、近年右肩上がりの工事費と販売価格の関係から土地代が出ない、つまり建替事業として成立しない。仮にわずかな土地代が出たとしても権利者の**従前資産評価**がひどく低いため、いくら容積が余っていても合意形成が困難であるとデベロッパーは判断します。

また郊外型の団地の大きいものでは一団地で1000戸と言ったものも珍しくありません。するとデベロッパーが引き取った床を分譲するにしてもそのエリアでの年間需要をはるかに超えてしまい、期を分けても売れ残ってしまうリスクが大きく、事業協力者となってくれるデベロッパーが存在しないというケースもあります。

他にも、現在では建物の専有面積の持ち分割合と土地の持ち分割合は一致するのが当たり前ですが古い分譲マンションでは一致していないケースがあります。例えば専有面積は30㎡～100㎡の幅があるのに土地持ち分はすべて同じとか、専有面積は全体の10%しかもっていないのに土地持ち分は全体の50%を所有しているなどです。こういったケースではマンション建替えで資産価値を上げてもその果実をどのように分配するかで揉めて合意形成にブレーキをかける場合があります。

⑫

単棟マンションと団地型マンションの違いとは

団地ゆえの建替えの困難さ

これまで単棟型のマンションを中心に話をしてきました。団地は単棟型マンションが複数あるだけのように見えますが、いざ建替えを検討しようとすると単棟型マンションとはまた別の困難さがあります。

区分所有法の改正により団地の一括建替えが可能になっています。単棟型と比べて団地型の方が建替え実績がかなり少ないようなイメージを持ちがちですが、実際には単棟型とそれほど変わらない事例が報告されています。これは１９６０年代以降、住宅公団が手掛けた団地が**法定容積率**をかなり余しているケースが多かったこと、団地一括建替えができるようになったことが大きく影響していると思われます。但し団地一括建替えには区分所有法においていくつかの縛りがありあます。そもそも一括建替えはどのように決議するの？　団地一括建替え決議が成立するためには団地全体総会を開き、区分所有者数と議決権の全体の５分の４以上の賛成と各棟の３分の２以上の賛成が必要です、そして団地一括建替えでは全体の５分の４より各棟３分の２の賛成を得る方が厳しいというのが団地建替えに関わったプロの共通意見です。そして実際に全体の５分の４は取れていたのに３分の２をクリアーできない棟があったため一括建替え決議が不成立に終わったという事例が有ります（建替え決議が成立しなかった場合、なかなか公にならないことが多い）。

これはやはりコミュニティーの話で、古い団地では階段室型（階段の両側に住戸が配置されているタイプ）の団地が多いのですが、階段を取り巻くコミュニティーができるため、そこで声の大きい反対者がいるとどうしてもその棟の方が大きい声に引きずられる傾向があるようです。では一括でない場合はどうか、この時には建替えをしたい棟が棟総会でその棟の建替え決議を5分の4以上の賛成で成立させて、それを他の棟がそれぞれ4分の3以上の賛成で認めるという形をとります。この同意決議にはいろいろ条件や場合分けがあって難しいのでここでは詳細に触れませんが、この各棟の建替えの組合わせで1棟から全棟までの建替えが理屈の上では可能です。しかし、団地の部分建替えを行おうとすると実際には極めて困難な作業が想定されます。これまでの団地建替えで私は地震被災団地等の特殊事例を除いて部分建替えの実例を知りません。

団地の建替えを検討する場合、一括建替えを目指すべきですがこれにも区分所有法上の規定があり、団地内建物がすべて区分所有建物である事、敷地が全区分所有者の共有である事、管理規約において団地内建物が一括管理されている事が前提条件となっています。各棟管理の規約を一括管理に変更しようとするときは、各棟の4分の3と全体での4分の3が賛成する特別決議を可決しないと変更ができません。これはこれで中々のハードルとなります。

13

建替えはどうすればできるか

誠実に一つずつ

マンション建替えアドバイザーをやっていると、しばしば聞かれるのが「どうすればうちのマンション（団地）を建替えることができますか?」という質問です。これに対しては「こうすれば建替えられます、なんて都合のよい答えはありませんよ!」と答えるようにしています。似たようで全く異なるのが「どのようなマンション（団地）が建替えられるのですか?」という質問です。これにはマンション建替えアドバイザーであればそれなりに一通り講釈を述べられると思います。

最初の質問に戻って「建替えはどうすればできるのですか?」に対して、こうすればできます、という答えはありませんが、「こういうことをしなければ建替えは難しいです」という答えはあります。当たり前ですが自分達のマンションを建替えると決めるのは自分達です。以前は建替え決議ができるマンションは、そのマンションの維持、管理に過分の費用が掛かることが条件になっていましたが、その判断の難しさから訴訟になったりしてマンション建替えが進まないケースがありました。現在ではそのような条件は無く基本的に5分の4以上の賛成による建替え決議が成立すればそのマンションの建替えができます。極端な話、それほど老朽化が進んでいるわけではなく特に建築的に問題のないマンションでも管理組合総会の5分の4以上の多数決で建替えることができます。実際に、そういう例はあります。商業地域に立つAマンションの南側に高層のBマンションを建てる計画が持ち上がりました。Aマンションの住民からすれば日当たりも眺望も悪くなるので全く迷惑な話です。逆にBマンションを建設しようとしていたデベロッパーからすればAマンションの住民から強い反対運動が巻き起こることは容易に想像ができました。そこでそのデベロッパーはAマンションに「一緒に新しいマンションを建てませんか」と持ち掛けました、二つの敷地を合わせるとかなりの規模になり、**総合設計制度**を活用することで容積率もアップします。Bマンションのデベロッパーからすれば当初の計画よりも容積率が上がり事業収支がよくなると共に隣接マンションからの反対運動の心配が消えることとなり、Aマンションからすればこのまま行けば、これまでの日当たりも、眺望も失った上、老朽化が進んでももう二度とこのような好条件での建替えは不可能になります。といったことで100戸ほどのAマンションは95%を超える合意率で建替え決議を成立させました。区分所有者の合意が取れればすぐに建替えは可能となりますが、合意が取れなければどれだけ老朽化が進み危険で不便なマンションでも建替えは出来ません。マンションを建替えられるかどうかは、区分所有者一人一人の建替えようという気持ちにかかっています。

14

すべては合意形成のために

やるべきことを箇条書きにしてみました

前章でお話したようにマンションの建替えは、建替え決議が可決されれば前に進みます。そして建替え決議は法律で規定された条件をクリアーしての多数決で成立します。つまり、建替えに対する合意形成が出来れば建替えはできるという事です。

そうなると、どうすれば合意形成ができるのですか、ということになります。これは老朽化したマンションを再生しようとするとき、ある一つの手法を採択することに区分所有者の大多数が手を上げるという事です。言うのは簡単ですが、家族の意見をまとめるだけでも苦労することはあります。何十戸、大きいマンションでは数百戸の年齢も経済状況も考え方も場合によっては国籍も違う区分所有者が意向を合わせるわけですからこれはもう大変なことです。マンション建替事業は非常にタフな事業と言えますが、とりわけ合意形成を進める作業がタフな仕事となります。どうすれば合意形成が進むか、この疑問に簡単には答えられませんが私以外のアドバイザーを含め、その経験値から合意形成を進めるときにしなければいけない事を挙げることはできます。

・すべての選択肢を検討し客観的に評価する

マンション再生の検討はエネルギーも時間も必要としますから、手戻りは避けるべきです。そのためには考えられる選択肢をすべてテーブルの上に乗せてから客観的な評価を下して取捨選択を行うべきです。

・すべての選択肢の費用対効果（経済条件）を丁寧に権利者の皆さんに説明する

客観的な評価の中でも区分所有者の一番の関心事は各選択肢の費用対効果です。この点で建替えが最も優れているという理解が得られなければ合意形成はかないません。

・何もしないという選択肢についても検討対象に入れる

前にも述べましたが、老朽化したマンションの再生を検討するのですから「何もしないという選択肢は無い」と委員の方は考えがちですが、一人暮らしのお年寄りは「建替えはもちろん、修繕もしなくていいです、今更面倒くさいこととお金のかかることはしたくないです」という考えを主張する方も少なくありません。長い目で見ると、その選択肢は消えるということを理解してもらう必要があります。

・**現在と将来の経済的負担だけでなく将来的な資産価値の状況も検討する**

マンションの再生とは基本的には費用をかけて何らかの再生手法を買う事です。建替えは単に買うだけではなく売るものも作れるので事業となり、ケースにより大きく異なる経済条件が出てくるわけです。今だけを考えるのあれば何もしないという選択肢もありますが、将来的な資産価値を考慮して判断してもらう資料を作成するべきと言えるでしょう。

・**公平性と透明性の確保**

マンション建替え事業は事業協力者（マンションデベロッパー）の事業ではなく区分所有者全員の事業です。そして建替え決議に向けた活動は管理組合の活動です。人は疑いを持つと、つまり信用しない人の話は聞かなくなります。建替え検討を進める組織（検討委員会や理事会）の側からすると普通に建替えを推進しましょうという話をしても、一部の人たちの利益のために言っているのではないかとか、自分たちだけで建替えありきで進めていているのではないかと言った不信感を持たれると、建替え合意に抵抗感が湧き、非常に難しい状況を招くこととなります。

・建替え検討組織の会議は一人一人が責任感を持ちながらも、明るく、仲良く、朗らかに進めるのがよろしい。

人は感情の動物です。検討組織に参加していたけれど組織のメンバーとギクシャクしてスピンアウトしたメンバーは理屈ではなく感情的に強い反対派にまわることがあります。また、マンション建替えは何度も申し上げているようにタフなプロジェクトです。壁に当たることもあれば、いえ壁にぶち当たらないマンション建替えなど私は知りません。そして想定したスケジュールが思いのほか長期にわたることもしばしばです。アドバイザーや事業協力者は仕事ですが、委員や理事はボランティアのケースが多いですし、仮に手当が支給されても知れたものです。長い期間、責任感や義務感だけでは務まりません。委員会に参加している時間も大変ではあるが、自分たちのマンションの資産価値向上や組合員のために勉強したり、知恵を絞ったりするのもまんざらではないな、と思えるとそれは素敵なことです。DIKマンションの建替組合理事長を務めた富山氏も相当な負荷がありながらも愚痴を言うより委員会での議論を楽しんでいるタイプでありました。いろいろな意味で信頼できるリーダーと啓発しあえる仲間はとても大切です。

・理は通す、感情的にならない

すべてを理論化できるとは限りませんが、正しい理屈はきちんと主張できますし、理が通っている主張は地位や肩書に負けることはありません。合意形成を行う自分自身が納得し、本心からそう思わないとパワーが出ません。理屈が通っていることは合意形成の大前提です。

また、相手が感情的になるとこちらも感情的になる、これは人間の本能でもあります。こちらが穏やかな心で接すると相手も穏やかに接してくれます。「鏡は自分から笑わない」ということです。そして老朽化したマンションが新しいマンションに生まれ変わることにちょっとした夢を託せることです。マンション建替えにはロマンとソロバンが必要になります。

・合意形成の実務はアドバイザーや事業協力者に任せるが側面支援は行う

合意形成を進める作業は、全体説明会の開催や再生方針に関するアンケート調査等、多くの権利者を対象とするものもありますが、個人の抱えている事情は様々です。そのさまざまな事情から生まれる疑問や不安に対応するにはどうしても個人面談が必要になります。個人が抱える課題には経済的な問題や相続、健康、家族の人間関係等が占める割合は多いものです。いくら再生検討委員や理事であったとしても同じマンションに住む権利者に家庭内の問題を話すのには抵抗感を覚える人が少なくありません。個人の課題への対応は経験豊富なアドバイザーや事業協力者に任せる方がよろしいかと思います。但し、同じマンションで長い間お付き合いをしてきた情報は合意形成活動にとって貴重なものです。アドバイザーや事業協力者への区分所有者の側面支援は必要となります。

・早めにアドバイザーを入れる

これは別にマンション建替えアドバイザーという資格を持っている者を入れよと言っているわけではなく、区分所有法や円滑化法を理解していて、マンション建替えの実務を知っているいわゆるプロを検討組織に入れるべきであるということです。

マンション建替えはタフで難しい仕事となりますが、世の中の経験者は一握りです。検討組織は未経験者の集まりとなるので、経験者のアドバイスがどうしても必要となります。

15

熱意は必ず人に伝わる

そして、笑顔も臆病も人に伝わる

区分所有者の多くの方が賛成して建替えに舵をきるまではアドバイザーは中立的な立場、少なくとも客観的な立場でものを申します。しかし建替え推進決議が成立し、建替え決議の招集を出そうかどうかという段階になると方針が変わります（少なくとも私は）。これまで組合活動にも建替えにも全く無関心、建替えに賛成か反対かと言う話をされるのも迷惑という人が必ずいます。その方は「別に反対しているわけじゃないよ、面倒くさいから私にその話をしに来ないでと言ってるだけ。建替えが決まったらそれなりに考えるから」などと言ってドアをしめます。建替え決議では白票も棄権も賛成票以外はすべて非賛成者であり、反対票と同じ扱いとなります。5分の4まであと一人、あと二人となったらそういう権利者のところに何度でも足を運びドアをこじ開ける努力を惜しみません。そして何度でも頭を下げて、どうか話を聞いて下さいとお願いします。何度も何度も誠意をもって通ううちに、うるさがっていた権利者も「しょうがないなー、5分だけだぞ」などと言ってくれたりします。私の信条として熱意は必ず相手に伝わると思っています。

文句の電話をしてきた人や、もう二度と来るな、などと言われた権利者のところへ行くのは勇気がいるものです。本当はそういう権利者への対応程、速やかに、そして手厚く行うべきです。いろいろ理由をつけて訪問を躊躇したりしていると、他の仲間も動きが鈍くなりがちです、つまり合意形成活動を行っているチームのリーダーが肝心なところで臆病になるとそれは仲間にも伝わります。そして合意形成はまず行動です。難しい相手でも電話をする、訪問する、手紙を書く、こういった行動を起こすと思いもよらぬ展開が生まれることがあるものです。誠意と熱意をもって権利者と接する、これは合意形成を行う者にとってとても大切なことです。

16

一番のイベント「建替え決議集会」

ここから建替えが始まる

これまでにも書いたようにマンションの建替えは建替え決議が成立すれば、確実に前に進み始めます。この後、マンション建替事業のスタートとなる建替組合の設立、従前の権利を再建マンションに移す権利変換計画の認可、マンションの明渡し、解体着工と多くのイベントが待ち構えていますが、何と言っても最大のイベントが建替え決議です。

建替え決議は管理組合の総会での特別決議です。普通決議は議決権（通常は管理規約で規定されています）の過半数で決議されますが、建替え決議は区分所有法で組合員数（区分所有者数）と議決権の5分の4以上の賛成が必要です。何故議決権だけでなく組合員数つまり区分所有者の頭数の5分の4以上も議決条件になっているかというと一人でいくつもの住戸を所有している場合、人数は少数派だが議決権は5分の4あるので、それで建替えが決まってしまうということを避けるためです。そして人数の数え方は1戸のマンションをAさんとBさんで共有している場合は当然A、B2人で1人と数えます。ちょっと難しくなるのはAさん50％、Bさん50％の持ち分割合で2戸を所有している場合と1戸はA50％、B50％もう1戸をA60％ B40％で所有している場合、数え方は同じかという疑問です。法律的に難しい問題はアドバイザーも弁護士に相談します。弁護士の見解は2つのケースは数え方が異なると言うものです、前者は同じ比率で所有しているので2戸所有していても1人、後者は持ち分比率が異なるため、それぞれ違う人格とみなし2人と数えるべきだと言います。

他にも建替え決議に関しては議案に記載すべき事項、建替え決議集会（組合総会）の招集通知（総会案内）に記載が必要な項目、集会開催日の2ヶ月以上前に発送すること、1ヶ月以上前に議案の説明会を開催すること等が決められています。これらはめったに遭遇することのない自分のマンションの建替えという議案への決断には、きちんとした判断材料と判断のための時間を与えるべきという理由からです。

建替え決議が成立すると建替え決議へ賛成しなかった人達の扱いはどうなるのでしょう？　これにつきましては次章でご説明しますが、決議への非賛成者へ「建替え決議が成立しましたが建替事業に参加しませんか」という催告に対して、建替事業に参加しない旨の意思を表明（催告から2か月間参加の意思を表明しないものも含む）した者のマンションを賛成者や建替組合が時価（建替えを前提とした適正な価格）で買い取ることができる売渡請求権を与えています。この権利を執行することによりマンションすべてが建替え賛成者の所有となり、建替えが進むこととなるのですが、それゆえにしばしば非賛成者から建替え決議に瑕疵（手落ち）があるとして法廷闘争に持ち込まれる場合があります。管理組合、管理組合へのアドバイザーは瑕疵のない建替え決議を行うことに努めなければなりません。

建替え決議は建替えに向けた最大のイベントであるだけに、建替え決議集会を開いて決議が成立しなかった場合、建替えを進めて来た管理組合は大きなダメージを受けることとなります。従って建替決議の2ヶ月以上前に招集通知を発送する時点では、確実に建替え決議が成立するという票読みが必要です。「だいたい5分の4の賛成が見えているので、建替え決議を開きましょう、後は当日蓋を開けてのお楽しみ」というわけにはいかないのです。招集通知を発送する時には5分の4に何％かの安全率も見込んだ賛成者を確保すると共に、総会当日の悪天候や、賛成者の発病等、不慮の事態にも備える必要があります。再開発事業と異なり、マンション建替えではたった一日で事業を行えるかどうかの決着がつきます。

17

建替え決議以降について

最大の難関を突破した後はどうなるのだろう

建替え決議が成立すると建替えは現実的なものとなります。建替え決議には当然のことながらいろいろな区分所有法の決まりごとがあり、それを守る必要がありますがその上で建替え決議が成立すると建替えを進める強制力が生まれます。その一番が売渡請求権です。

これは建替え決議に賛成しなかった区分所有者の区分所有権を賛成した区分所有者、賛成した区分所有者全員が決めた第三者もしくは建替組合が買い取ることのできる権利です。

「あなたが賛成しなかった建替え決議が成立しました。これから建替えが進められますが建替事業に参加しませんか？　参加する場合は建替え決議に賛成した人と同条件で参加できます。参加しない場合はあなたの区分所有権を時価で買い取らせていただきます。この通知が届いてから2ヶ月以内に返事が無い場合は参加しない旨の意向を提出したものとして扱われます。」といった主旨の催告書が出され、2ヶ月以内に参加の意向表明が無い場合、売渡請求が出され、その区分所有者の権利は買い取られてしまいます。

これはなかなかすごいことです。本人がいやだと言っていても隣のおっさんに（実際は建替組合からの売渡請求が一般的）無理やり買取られてしまうということで、戸建て住宅では考えられません。

この**売渡し請求権**が認められたことにより、それまでは区分所有者全員の合意がなければ出来なかった建替えが5分の4以上の賛成でできるようになったわけです。そもそも分譲マンションはそれを買った人の財産であり、財産権は憲法で明確に保障されています。

参考に憲法第二十九条を載せておきます。

（財産権）第二十九条

1．財産権はこれを侵してはならない。

2．財産権の内容は公共の福祉に適合するように法律でこれを定める。

3．私有財産は、正当な補償の下に、これを公共のために用ひることができる。

上記のように3項で規定されていますが、これは都市計画道路等、公共のインフラ整備のために私有財産である土地・建物を収用するケースが判かりやすいでしょう。

分譲マンションの建替事業は公共事業とは関係ないのですが、大きいマンションでは区分所有者は何百人にもなりますし、大型団地では千人を超えたりします。こういったマンションにおいて民法における共有財産の処分には共有者の全員同意が必要という規定に従うと、たった一人の反対者がいるために何百人、何千人の安心で安全な生活と資産価値の維持や向上が否定されることとなります。これはやはり憲法の精神に反するのではないかという事でしょう。

現在5分の4の賛成多数で可能なマンション建替えですが、なかなか旧**耐震基準**によるマンションの建替えが進まないことから5分の4のハードルをもっと下げようという論議がされています。個人の財産権を正当な補償の下とは言え、本人の意向に反し区分所有者の多数決で奪う訳ですから、このハードルの高さの設定を下げるのはそう簡単ではないと考えます。

いずれにしろ、催告書を受け取った後も事業に参加しない人を除き、建替事業に参加する区分所有者で建替組合を設立します。マンションの再生を検討し、建替え決議を行うところまでは管理組合の仕事でした。管理組合は現在のマンションの健全な維持管理と区分所有者の共同の利益と良好な住環境を確保するためのものです。従ってマンション建替事業の施行者とはなれず、新たに行政の認可を受けて、設立した**マンション建替組合**がマンション建替事業を行う施行者となります。2002年(平成14年)に「マンション建替え等の円滑化に関する法律」が出来るまでは権利者一人一人と事業施行者(デベロッパーやゼネコン)がそれぞれ契約を結び、**等価交換事業**を行ってきました。現在でも比較的小規模のマンションで全員同意が確実な建替えでは手間のかかる行政手続きが不要なため等価交換事業が行われております。しかし、全員同意で進んで来たはずが契約段階で一人でもハンコをつかない人が出てくると事業が停滞するというリスクがあります。円滑化法では等価交換契約ではなく権利変換という手法が用意されており、皆が公平な条件で、建替える前のマンションの権利を建替えた後のマンションの権利に置き換える計画を5分の4の多数決で進められます。従ってある程度以上の規模のマンションの建替えでは行政手続き等に手間が掛かりますが建替組合による施行が一般的です。

建替え決議が成立し、非賛成者への催告期間が過ぎると建替組合の組合員となるべき権利者が確定します。この権利者の中から5人以上の発起人が定款（建替組合の根本的ルール）、事業計画、組合員名簿、建替え決議集会の議事録等を添付して建替組合の設立認可申請を区・市に提出することとなります。発起人となる人は大変な作業を担うように思われますが、実務はコンサルタントが行いますのでご心配なく。

組合設立が認可されますと、組合設立総会を開き、理事、監事等の役員の選出、その年度の活動計画や活動予算の承認を行い、実際に機能できる建替組合が出来上がります。正確にいえばこの時点からマンション建替事業が開始となります。

この先、非賛成者への売渡請求、場合によっては明け渡し訴訟、設計事務所や参加組合員との契約、再建マンションへの権利変換の希望の確認、住戸選定作業等々やる事は目白押しとなりますが、ここまでくると参加組合員のほか、コンサルタントを中心に設計事務所、法律事務所、会計事務所、司法書士事務所、不動産鑑定事務所等のマンション建替えのエキスパートが建替組合をバックアップする体制が整いますので、権利者の皆さんは一安心といえるでしょう。

18

最後に、人生を楽しむように
マンション建替えも楽しむ

—難去ってまた一難！ マンション建替えは人生と一緒だ

これまで書いてきたようにマンションの建替えはどれも個別の特性と事情を抱えていますが、**還元率**が100%を超えるような希な事例を除き、建替えはどれもそう簡単には進まない大変な事業です。

しかしながら建替えプロジェクトに取組む以上、そこに困難があるのは仕方のないことでしょう。もし誰でもが簡単にできてしまうようなプロジェクトであったとしたら、建替え決議が成立したとき、再建マンションが出来上がったときの感激も達成感も大したものではなくなってしまうでしょう。次から次へと苦難がやってくる、それを仲間と力を合わせて一つずつ乗り越える。大きな壁にぶつかる、その時に泣き言を言わず、逃げず、へこたれずに壁を乗り越える努力をする、そして何とかしてその壁を乗り越える。

これは人生の縮図であるともいえます。辛い時を過ごしている人は何の困難もない人生はさぞかし楽しいだろうと思うかもしれませんが、それは下手な人を相手にゲームをやったり子どもを相手に相撲を取るようなもので別に面白いものではないはずです。人は乗り越えた困難の数だけ強くなり、乗り越えてきた困難がその人の人生を飾り、かけがえのない思い出となるように、マンションの建替えも同じであります。困難に出合わないマンション建替えを私は知りませんし、その困難に理事の方々や他の協力企業の人たちと立ち向かい乗り越えるところにプロジェクトの真骨頂もあるし、一緒に乗り越えた共感も生まれます。

私が講師を務めるセミナーでは次のようにコメントしてマンション建替えに携わるすべての人にエールを送ります。「皆さん、マンション建替えに真剣に取組むと必ずや壁にぶち当たると思います。それはどのような建替えでも起こります。むしろ壁に当たったら建替えプロジェクトも佳境に入ってきたと思って下さい」と。せっかく巡り合ったマンション建替えです。人生を楽しむようにマンション建替えも楽しみましょう！

第二部

「建替えを成功させる10の心得」

私たちが第一部の著者である本多伸行氏の協力を得て建替えに成功したマンションは文京区小石川の春日通り沿いに建つ総戸数52戸、13階建ての居住専用の中規模マンションでした。一部に会計事務所や弁護士事務所として使用している区分所有者（以下所有者）はいましたが、基本的には商業施設のない住居専用マンションです。

現在は解体されて跡形もありません。すでに新築工事が終わり15階建のマンションへと生まれ変わっています。

マンション再生へ向かう切掛けとなったのは2011年の東日本大震災で被害を受けたことと、春日通りが特定緊急輸送道路に指定されたため、義務とされていた耐震診断を受けることを東京都の助成を利用してマンション管理組合が決めたことです。が、もっとも強い動機となったのは耐震診断報告書の内容に驚いたためです。

2012年6月に行われた耐震診断工事から5ヶ月後に届けられた報告書に記されていたのは、**Is値**が0.24という最悪の数字でした。震度6強の揺れが来た場合、マンションの構造から南北方向に倒壊する恐れありというコメントまでついていたのです。ここからマンション所有者たちがこの問題をどう解決できるのか話し合いがスタートしました。その結果、長い時間がかかりましたが、多くの方たちの努力のおかげで幸いにも所有者の意見がまとまりマンション再生に成功したのでした（もちろん本多氏のアドバイスも大いに役立ちました）。

私がマンション管理組合理事長、マンション問題検討委員会委員長、そして建替え推進委員会委員長として建替組合設立まで、6年間にわたるマンション再生をめぐる様々な体験から振り返ると、建替えに成功した原因がいくつかあると考えています。一番は人に恵まれたことだと思っていますが、その他にも思い当たることがいくつかあるのでまとめて見ました。

第一部の実践編としてご参考にしていただければ幸いです。

「建替組合設立までが長い道のり」

1　マンションの現状を共有する。

マンションの規約によりたまたま順番で管理組合理事長を引き継いでいた私は先述の耐震診断報告書を受け取って驚き何をすればいいのか戸惑いました。が、とにかくまず所有者にこの報告書の内容を周知徹底しなければならないので、まず管理組合の理事たちに報告し、１ヶ月の準備を経て臨時総会を開いて報告書の内容を伝えることにしました。

この時点で建替えを想定していたわけではありませんが、今思えばこの時の報告書が所有者に強い印象を与えたようです。それは耐震診断報告書の要点をまとめ、年配者にも見やすく判りやすいようにスライドに起こして文京区民センターの会議室に投影しながらマンションの現状を報告したことです。特にスライドは拡大画面なので簡単なイメージ図やポイントとなる数字は判りやすかったようでした。

この方法はただペーパーを配って説明するよりも映像の方がマンションの現状がいかに危ない状態なのか理解してもらうのにとても役立ちました。初期段階では細かな点をくどくど説明するよりもポイントを絞って視覚的にわかりやすく見せることで、誰にでも理解しやすい説明会となり少なくともマンションの現状を共有することができたのでしょう。これは効果的だったように思います。

説明が終わると集まっていた所有者たちは静かにため息をついてシーンとなってしまいます。無理もありません。マンションの二階と三階部分の階段壁に地震で被害を受けた大きなひび割れが残っていたので、報告書の信ぴょう性を疑えなかったのです。ほとんどの所有者はひび割れを毎日観ているわけですからある程度の予想はしていたかも知れません。この日は質問も少なく報告だけで臨時総会は散会となりました。

2 区分所有者の専門性を生かす

しかしこの臨時総会から管理組合の理事や問題意識を持った有志が集まって問題解決のためにボランティアでの検討・準備委員会を立ち上げて情報収集を始めることになったのです。幸いにもこの時集まった所有者有志が見識ある方々でそれぞれの専門分野と人脈を持っていたため初期段階での意見交換や情報収集がスムーズに行なえました。

弁護士のIさん、一級建築士のYさん、会社の経営者で経理に詳しいTさん、不動産業のHさん、そして安宅賞をもらった芸術家のGさんなどなど、多様な職業の方がいたおかげでマンションの問題解決の選択肢が一つではないことが見えて来ます。他の所有者への説得力アップにもつながりました。問題解決は一人だけが熱心に行動しても良い結果にはならなかったと思います。

それからことあるごとに有志の人脈によって専門業者や研究者といった方々も援軍に加わっていただくことができました。彼らの話を聞けたのは非常に助かりました。その上費用もそれほどかからず済んでいます。マンション住民にはいろんな職業の方がいるのでこれは心強いものでした。おそらくどこのマンションにもそのような方はいるはずです。問題解決に近づけたのは彼らをどんどん巻き込んでいって多方面の角度から検討することができたおかげかも知れません。多様な考え方は貴重でした。

例えば壁のひび割れ対策でミーティングをすると提案されたアイディア一つにも一人では気がつかないような見方の質問が飛び出します。新素材のコーティングが効果あるのではとか、スケルトンにして**リノベーション**してみようとか。それを検証して可能性があれば専門家をゲストに呼んでレクチュアを受けたり、こちらから出向いて話を聞いたりすることで解決に近づいていけました。結局、最後に建替えが一番効果的な方法であると意見がまとまりましたが、途中様々なアイディアや議論が出てシミュレーション出来たことで納得のいく結論にたどり着けたのでした。

また中規模マンションならではのことだと思いますが、10人程度のメンバーが集まるとマンション住民のほとんどが誰かと面識があるため、マンションの現状とメンバーが話し合っている問題点が伝言ゲームのように伝わっていきます。有志メンバーが週一で集まり、何が問題なのかどうすれば解決できるのか熱心に相談していると他の所有者も気になって興味を持つようになって行きます。

これによりその後の管理組合総会や説明会などで所有者から出る質問にも説得力のある応答ができ、理解も早かったのではないかと思います。

3 できるだけ記録や議事録を残す

まだ初期の段階ではどのようにして問題が解決できるのかボランティアの有志がただ集まって雑談していたようなものでしたから、手探り状態でのミーティングだったため記録を残すことなど考えてもいませんでした。

が、アドバイザーが入り具体的な検討に入ると面倒でもできるだけミーティングの内容はメモ程度でも良いから記録に残しておくことを指摘されました。私たちの場合は誰もメモを取る人がいませんでしたが、他の所有者や反対意見の所有者から当時の議論の内容を教えて欲しいと要求されてようやく重要性に気がついたのです。

その時はたまたまですが、有志同士の連絡や確認事項をeメールでやりとりしていたためデータがパソコンに残っていました。これが後々、臨時総会や説明会で所有者からの質問や確認を求められた時に完璧とは言えないまでも、ある程度の応答ができて信頼を得ることに繋がりました。ことに反対意見者からこれまでの対応を指摘されることが出てきても、議事録から公平に様々な検討をしていたことが所有者に理解され、納得してもらえたので理事や委員たちのモチベーションは上がります。

4 マンション管理組合とともに

当初の有志によるマンション問題検討準備委員会もアドバイザーが入り活動が本格的になると仲間を増やしながら検討委員会へ移行していきました。そして建替え推進委員会へと進むのですが、ここから管理組合の総会決議での承認を経て管理組合内の組織となります。従ってそれまで手弁当で行っていたコピーやヒアリングのための交通費などの経費に予算がつくようになります。

言うまでもなく正式な組織となるので所有者たちも「本気」で考えなければという雰囲気がマンション全体に広がりました。結果的に新たな管理組合の理事や理事長が当初のボランティア有志の集まりの時から入っていたことで、管理組合理事長への状況説明などの時間的ロスが減り、これまでの議論の流れに一貫性が保たれました。

私は1年間務めた管理組合理事長を有志メンバーのTさんに引き継いで、マンション問題検討委員会の委員長にスライドしていましたが、問題解決のためにどのような議論が行われ、方法を検討しているのか知っている理事長だと総会決議時の説得力が違ってきます。私たちのマンションのように管理組合が順番で理事長を決めている場合は立候補制に変えて対応する必要が出て来ますが、新理事長に委員会活動を一から説明しなくてはならない手間を考えると総会決議で立候補制に変えて理事長を続けてもらう方がはるかに手間は省けると思います。ただし異論が出ないように丁寧な説明が必要になるのは避けられません。

5 建替え以外の選択肢も提示、議論をオープンに

ところで、私たちは先述したように初めから建替えを想定して活動をしていたわけで

はありません。一級建築士の委員がいたので彼の豊富な経験から、耐震補強と大規模修繕を同時に行えばなんとか再生できるのではという提案がありその方向で考えていました。ところが2回目の説明会で現状のマンション敷地のままでは望む耐震補強法には土地が足りず建物内に鋼材を張り巡らす工法しか使えないことが判ったのです。しかも見積もりをお願いした工務店の金額を見るととても大規模修繕と同時に行える金額ではありません。同時に既存不適格マンションであることも判りました。

これには後日談があります。既存不適格と思っていたマンションでしたが、建替えが決まった後で測量したところ区道にはみ出ていることが判明し、既存不適格どころか違法マンションだったのです。幸いにも新マンションの設計変更には至らなかったものの危うい出来事でした。

話を続けます。私たちのマンション管理組合は資金不足でした。大規模修繕プラス耐震補強の見積もりは会社によって異なりましたが8億円から10億円と巨額です。ざっと大まかに計算すると1戸あたりの負担額は所有面積で算出されるので約1千万円から3千万円にもなります。しかしこの現実は所有者に伝えて考えてもらわねばなりません。

この資金不足問題にマンション問題検討委員会のメンバーも頭を抱えてしまいましたが、たまたまこの時期にデベロッパー数社からマンション再生の提案が持ち込まれたのです。しかし提案内容を見るとそれほど魅力のあるものではありません。とはいえ他に良い手立てがあるわけではないので、臨時総会を開いてデベロッパーの建替え提案と**リノベーション**を含む自力でのマンション再生案を説明して所有者に選んでもらうことになりました。とにかくメンバーの独断で「これに決めました」というスタンスはとれません。常に情報はオープンにしてみんなで共有しておかないと不信感を持たれてしまいます。ことにデベロッパーから接触があったことから周りの目は厳しくなるので委員や、理事たちも注意しなければなりません。

しかし委員会としてマンション問題を検討している以上、所有者に問題解決方法を提案して決断してもらわねばなりません。結局臨時総会から一年以上の時間がかかりましたが4つの選択肢（表2）が残り、それぞれのメリットとデメリットを表記したアンケートで選んでもらうことになりました。憶測や実現不可能な案は除いて現実的に取り組める解決法を提示したことでアンケートの返却率は90％を超えて、所有者の関心も高いことが判ったのです。

6 アドバイザーの力を借りて効率よく検討

とはいえ誰もマンションの耐震補強や建替えなど経験したことはありません。一級建築士といえども設計は仕事ですから建物のことはわかるのですが、様々な手続きなどは専門外です。これから何が必要になるのかもわからないのでは時間ばかりかかってしまい、無駄な議論をする羽目になってしまいます。そこで経験のあるプロのアドバイザーを探すことになりました。幸運にも知人の紹介により親身になって相談に乗ってくれるアドバイザーが見つかったのですが、説明を聞くと想像以上に面倒で厄介なことが判りました。マンションは何をするのも所有者の過半数、建替えに至っては5分の4以上の賛成がないと実行されません。今思えば当たり前のことですが初めはそんな事も判らずに委員会活動していたのです。とにかく倒壊の恐れのあるマンションをなんとかしなければという思いだけでした。委員には弁護士もいたのですが、やはり専門外のことから詳しくは判っていませんでした。アドバイザーが入ってようやく論点が整理され、冷静になって全体のイメージが見えてきたのです。

東京都には所有者や管理組合を対象にした「マンション建替え・アドバイザー制度」があるので相談してみるのも良い手段と思います。ただしアドバイザーの派遣は段階に応じて有料になっているので予算に応じたアドバイスを選ぶことになります。

さて1回目の臨時総会ではスライドを使いながらポイントを絞って説明しましたが、やはり報告書の細部も説明しなければなりません。私の説明だけでは問題の共有はできても報告書の重要な意味が所有者の皆さんに理解されているとは限らないので、耐震診断の報告書を作成した担当者に説明会へ来場しての説明を依頼することにしました。

2回目の説明会は耐震診断報告書の見方から重要な数字や意味を報告書の作成者の口から一緒にやってきた上司とともに丁寧に説明してくれました。やはり専門家の意見には説得力があります。専門家として私たちのマンションに使える耐震補強工法の説明の場面では私たち委員も所有者たちもショックを受けてしまいました。先述したようにマンション敷地に余裕がないため限られた工法しか使えないことが指摘され、しかも既存不適格マンションという事もここで明らかになったのです。

この説明会からマンション再生は二つの案に絞られていきました。大規模修繕プラス耐震補強、それとも建替えるのか。しかし現実には管理組合に資金はないのでアドバイザーの知恵が頼りになっていましたが、新たに資金を手当てする方法はありませんでした。この時点で管理組合が金融機関からマンション再生資金を借りて管理組合が返済していくことも考えましたが、金融機関には前例がないようで諦めました。しかしたとえ借りられたとしても返済を考えると二の足を踏まざるを得ません。毎月の管理費、修繕費に加えてマンション再生費を徴収するのは負担が大きすぎるからです。

そこでアドバイザーからはデベロッパーの案を検討することも必要になるのではと指摘を受けました。これが資金不足を解決する唯一の手段なのだから、ここから真剣に委員たちは建替えを検討し始めたのです。

7 信頼関係の構築

さて、マンション再生という共同事業を行うことになるとデベロッパーと私たちマンション所有者、さらに近隣住民との信頼関係がとても重要になって来ます。

例えば私たち所有者は誰もマンション建替えなど経験したことはありませんから先行きに不安を感じるのは当たり前、誰にでも各家庭の様々な諸事情があります。そこでより条件の良い提案を出してくれたデベロッパーと組んでマンション再生を目指すことになります。担当者の誠意と熱意、企画提案、企業の本気度を秤にかけて私たちは伊藤忠都市開発社と協力することを決めたのですが、それはマンション再生事業に本気になって取り組んでいることが委員会メンバーにも伝わって来たからです。

彼らの懸命な対応と努力が信頼へとつながり、マンション再生という一大イベントがお互いの協力で成功できたのだと思います。彼らへの信頼と彼らの努力がうまく噛み合ってなければマンション再生という建替事業はこんなにも上手くいかなかったと思います。

しかしながら所有者の中には様々なことに不安を感じる人も出て来ます。その不安を取り除くためには所有者同士ではなかなか対応できません。そのためデベロッパーから専門家の派遣をお願いして対応してもらったのですが、所有者ごとに担当者を決めて話を聞く細かな対応が効果を上げました。

さらに近隣住民との関係も重要です。建替え工事には時間がかかるので長期間、騒音や振動、粉塵、ダンプカーの出入りなどご近所にはかなりの迷惑をかけてしまいます。しかも工事中はマンション所有者も引っ越していて挨拶などできない状況になります。反対運動など起こされては厄介なことになるので、建替決議が承認され建替組合が区から認可されると近隣住民への説明会を開き理解を求めました。建替え後には七割の住民が戻ってくることや安全対策に万全を期することなどの話を中心に質疑応答など交えて二時間の説明会でしたが、同じ町内会ということもあり了解してもらえました。こんな時ですが町内会という組織は大事だと改めて思ってしまったのでした。

8 全所有者がお互いの意向を知る

所有者アンケート調査をしてみて、7割の所有者は45年前の旧耐震基準（注4）で建てられたマンションだから何かしなくてはならないだろう、と考えているのが判り、私たちが建替え推進委員会へ活動をステップアップする後押しとなりました。結局、複数回のアンケートを行った結果は所有者の7割以上から建替えも含む耐震補強案やむなしとして支持されることになったわけですが、所有者全員が他の所有者の意向を知ったことは委員会にはとても重要でした。委員たちも自信を持って建替えの提案ができるようになったからです。

しかし実現可能な案が見えてくると反対する人たちの声も大きくなり、説明会が大荒れになってしまったこともありました。この時は攻撃的な所有者に私も理事長でありながら少し感情的になってしまったのですが、今思えば反省しきりです。後味の悪い思いをしてしまいました。今になってよくよく考えれば反対者の声を無視することはできませんが、反対理由が明確でない所有者の意見に、他の所有者が同調したりなびくことはないので、もっと冷静に対応すべきだったと思います。実際反対意見が広がっていくことはありませんでした。

むしろ現実は逆で、驚いたことに説明会での反対者の攻撃が委員会への支持を広げることにつながったのです。多くの所有者は真剣に検討して導き出した解決法を説明している委員に対し、時に大きな声で威嚇する反対者に違和感を持ったのでした。新規に委員会へ入りたいという所有者も現れました。

これは情報をオープンにしていた成果であり、こうした方が現れたのは心強い限りでした。もっとも地震で倒壊の恐れありという報告書の説得力が一番大きかったことは否めません。

大規模修繕そして老朽化と耐震不足、これらの問題点を多くの所有者たちと共有できたのは有志メンバーの普段からの活動も効果的だったからでしょう。突然手元に「建替えます」などのお知らせが来たらみんな驚いてしまいます。

そうならないようアンケート以外にも必要に応じて臨時総会を開いて説明会も行いました。これらが実を結びつつあると手応えを感じ始めたのもこの頃でした。

9 理事会や委員会の集まりは明るい雰囲気で

さてここまで話を進めてきましたが、私はマンション問題検討委員会を立ち上げる時に決めたことがふたつあります。一つはミーティングで有志が集まる場はできるだけ明るい雰囲気を演出することです。シリアスな話が多いので意見が対立することや、癖のある話し方をする所有者が来て場が荒れて暗い雰囲気になることもありましたが、とにかく和ませることに気を使いました。有志は義務で参加しているわけではなく、ボランテイアで参加しているのですからいつ委員会を抜けても文句は言えません。彼らがミーティングは気分が悪くなるので行かないと言い始めたら元も子もないのです。

もうひとつはミーティングの参加者には必ず発言してもらうことでした。主婦の参加者もいたのですが専門性の高い話が多いため無口になってしまいがちでした。そういう時はこちらから話を振ってなんでも良いので意見や質問ありませんかと聞いていきます。こうして会議に参加しているという仲間意識をもてるようにしたわけです。

結果として建替え決議が取れたので成功したのかなと思っていますが、残念ながら途中でマンションに見切りをつけて引っ越した方や健康を害された方もいます。理事長の役目は有志のミーティングで司会役に徹することと雰囲気づくりに努めたつもりですが、残念ながら当初の有志全員が建替え後の新マンションに入ることは叶いませんでした。委員会活動は長い時間がかかるので、仕事や家族など様々な条件から引っ越しされていく有志も出ます。仕方のない面もありますが、寂しさを感じてしまいます。

また建替組合認可後は有志メンバーが引き続き中心となって建替組合事務局で理事や幹事として活動することになりました。が、認可前と認可後では、建替えが現実として迫ってくるため実生活をどうするかを考えなければならず、所有者の考え方や意識が違ってくるのは仕方のないことでした。そのため、ボランティアを続けられない所有者も出てきます。無理やり事務局や理事を引き受けてくださいとお願いすることは出来ませんでした。

10 建替えの条件

ここまで建替え成功のポイントを九つほど挙げて来ましたが、一番重要なポイントは建替え条件の落としどころだったと思います。最後に私たちのマンション建替えの条件がどのように決まり、所有者たちから決議承認がとれたのかをお話しいたします。

その前にまず私たちのマンションがどのような状況で、立地、敷地面積がどの程度だったのかおさらいしたいと思います。

立地は文京区役所から歩いて2分程度で春日通りに面し、地下鉄4路線の駅から歩いて5分以内というとても便利な場所です。立地に関してはなんの問題もありませんでした。しかしながら所有しているマンション敷地の一部が春日通りの道路拡張で東京都に用地買収されてしまい、マンション敷地に余裕がありません。ほぼ敷地の100％にマンションは建っていたので、日影規制など考えるとどう計算しても単独での再建マンションは現状の33％～35％程度の面積になってしまうのです。このままではとても決議が取れるはずもないマンションでした。

同じ面積のマンションを建てることが出来ないことは検討委員会でも問題となりずいぶん話し合いをしました。そこで北側の土地を買収して用地を確保すれば、現状よりも大きな床面積を確保したマンションの再建が可能になるとの案が出てきたのです。複数のデベロッパーが持参した提案も同様のものでした。

ちょうど同じタイミングでその北側の土地がまとまって売りに出そうだとの情報があり、購入できれば再建マンションとして建て替えられる可能性が出てきたわけです。好む、好まないにかかわらず、その土地買収に成功したデベロッパーと協力することが不可欠となったのでした。

そうしたなかで、伊藤忠都市開発社の熱意を持った担当者が北側隣地の買収に成功したと報告してきたことから、委員たちも一挙に建替えてマンション再生を目指そうという流れになって行きました。

しかし所有者にとって単独建替えよりもさらに良い条件でなければ承認されることはあり得ません。私たち所有者、デベロッパー両者がウィンウィンになるように交渉が始まりました。その結果、**還元率**が50％、マンション自体も53部屋から100部屋と倍増し「マンション建替え優遇制度」を使って住民主体の建替えをするという案がまとまったわけです。しかし、この案を所有者皆さんから受け入れられてもらえるか戦々恐々でした。幸いにも5分の4以上の賛成票を得て再建マンションの建替えが承認、決議されて建替組合が設立、そしてマンション再生事業がスタートできたわけです。

しかしながら建替え組合となってからは伊藤忠都市開発のスタッフにほとんどのことを任せなければ事業は進みませんでした。マンション管理組合内の委員会とは違い40億円という資金を用意して行う認可事業だからです。建替え組合が組織されるまではデベロッパーと所有者は条件闘争のように利益の相反する事柄を交渉していたのですが、ここからは協力して事業の成功を目指すことになりました。

書いてしまうと簡単なことのように思えるかも知れませんがここまで長い時間がかかっています。特に建替組合設立後その大半は行政の認可手続きに時間が取られました。膨大な書類の作成、認可手続きなどデベロッパーと協力せずには出来ません。マンション問題で活動していた私たち委員も理事も大助かりでしたが、伊藤忠都市開発のスタッフは大変だったと思います。特に行政への提出書類の多さとさらに訂正の多さには驚きました。一文字違っただけで突き返されます。建替え組合員だけではとてもできる作業ではありません。

建替え決議が取れ、建替組合となってからがある意味本番です。私が関わった6年間で判かったことは、効率よく事業を進めるためには経験豊富なプロの力の必要性です。

これからマンション建替えを考えている管理組合や所有者のみなさんは自分たちだけで抱え込まずに専門家の協力・アドバイスを得てください。それがマンション再生事業を円滑に行うことにつながると思います。

マンション再生を成功させる一番大きな要因は信頼できるデベロッパーと協力し所有者に丁寧な説明をしながら事業を進めていくことに尽きるというのが、私が感じた建替えに関わった6年間です。

○売渡し請求権（97ページ）

5分の1未満の反対者がいてもマンションの建替えを可能にする強い武器です。建替え決議が成立すると決議に賛成しなかった区分所有者に対し建替えに参加するか否かを回答すべき旨を書面で催告し、2カ月以内に参加する旨の回答がなかった場合、その者は建替えに参加しない区分所有者となります。事業に参加する区分所有者、またはこれらの者の全員合意による買い受け指定者、若しくはその後設立される建替組合はその者に対し売渡し請求を行うことができます。売り渡し請求権は「形成権」と言って、売渡し請求の意思表示が相手方に到達した時点で売買契約が成立し、区分所有権および敷地利用権が売渡し請求をした者に移転します。売り渡し請求についてはその対価（時価）を含め法律の規定が多くあることから、その手続きや資料作成は専門家への委託が必要となります。

建替え決議成立後に売渡し請求を行う方法としては、区分所有法に基づいて実施する場合と、マンション建替法に基づいて実施する場合がありますが、それぞれの場合で売渡し請求を行うことができる主体や時期が異なります。また、売渡し請求後、明渡しを求めるためには「対価」の支払いが必要となるため、決議への非賛成者の出ることが予想される状況で建替え決議を行う場合には、売渡し請求時に速やかに対価分の資金が用意できるように、あらかじめ事業協力者や金融機関などと十分な調整を行っておかなければなりません。

○Is値（106ページ）

Is値とは構造耐震指標のことをいい、地震力に対する建物の強度、靭性《じんせい》：変形能力、粘り強さ）を考慮し、建築物の階ごとに算出します。

「建築物の耐震改修の促進に関する法律（耐震改修促進法）」の告示（平成18年度国土交通省告示　第184号と185号）により、震度6～7程度の規模の地震に対するIs値の評価については以下の様に定められています。

□ Is値が0・6以上……………倒壊、又は崩壊する危険性が低い
□ Is値が0・3以上0・6未満…倒壊、又は崩壊する危険性がある
□ Is値が0・3未満……………倒壊、又は崩壊する危険性が高い

Is値0・6以下の建物は概ね新耐震基準の耐震性能に届かないと判定されています。

か行

○還元率（27ページ、他）

マンションを建替えた際、従前マンションの専有面積に対して、権利者が無償で取得できる再建マンションの専有面積の割合のことです。例えば従前50㎡のマンションを所有していて従後40㎡の床を無償で取得できる場合、還元率は80％（40／50×100）となります。

○公示価格／公示地価（66ページ、他）

地価公示法に基づいて、国土交通省の土地鑑定委員会が、売り急ぎなどの特殊な事情がない売買で成立すると認められる正常な価格として、毎年1月1日時点の、主要な道路に面する1㎡当たりの正常な価格を3月下旬に公示しています。

さ行

○総合設計制度（77ページ）

一定規模以上の敷地を有し、敷地内に一定の割合以上の公開性のある空地を確保している建築計画について、建築基準法上の容積及び形態の制限を緩和する制度です。敷地の共同化、大規模化による土地の高度利用、有効利用の促進、公共的な空地や空間を確保することによる市街地環境の整備改善がその目的です。

○従前資産評価（66ページ、他）

建替事業が行われる以前に権利者が区分所有している建物の専有床と、共有する土地持ち分の評価のことです。建替事業の権利変換計画で設定される評価基準に基づき、不動産鑑定士による鑑定評価額等を参照して、マンション建替組合設立認可公告のあった日から起算して31日目（評価基準日）における評価額として権利変換計画に記載されます。

○耐震基準（10ページ、他）

建築物の設計において適用される地震に耐えることのできる構造の基準で、1981（昭和56）年6月1日に建築基準法施行令の改正により、建築確認申請時に適用されている新たな基準のことです。改正前は、震度5強程度の揺れでも建物が倒壊しないような構造基準が設定されていましたが、新耐震基準では、震度6強～7程度の揺れでも倒壊しないような基準に高められました。

旧耐震基準で建てられた建物の耐震性能を表すため、建物の強度・靱性、形状やバランス、経年劣化などといった耐震性能に大きく関わる要素を総合的に判断するIs値という指標が用いられますが、この値が0・6以下の建物は概ね新耐震基準の耐震性能に届かないと判定されています。

○耐震診断（22ページ、他）

主に1981年以前の建築基準法による旧耐震基準で設計された建物を、新耐震基準に基づいて耐震性能の有無を確認することです。旧耐震基準だけではなく新耐震基準で建てられたものについても、劣化が懸念される場合には耐震診断を実施するケースがあります。大規模修繕や耐震補強で対応できるのか、それとも建替えをするべきなのか、その方向性を判断する大きな材料となります。

◯建替え決議（4ページ、他）

2002（平成14）年に区分所有法の改正が行われ費用の過分性の要件が取り払われ、単に権利者数と議決権の5分の4以上の賛成でマンションの建替えが可能となりました。また同年「マンション建替法」が制定され、マンション建替え決議の成立後、マンション建替組合を設立し、権利変換計画の賛否に対しても5分の4の多数決で進めることができるようになりました。

◯等価交換事業（99ページ、他）

マンション建替えの事業主体者をマンションデベロッパーが担い、各権利者は自分の所有している区分所有権をデベロッパーに譲渡し、同じ価値の再建マンションの区分所有権を受領する。つまり既存のマンションと新築マンションの権利を等価で交換する事業方式です。この方式は権利者とデベロッパーの等価交換契約をもとにした任意事業で、権利処理に係る法的規制がないため、広く適用されてきましたが、地権者の内一人でも契約段階で同意しない場合、事業が止まってしまうデメリットがあります。このため権利者が多数で権利関係が錯綜するマンション建替えでは、マンション建替法に基づいたマンション建替事業として実施することが一般的となりました。

○東京都特定緊急輸送道路（22ページ、他）

緊急輸送道路は地震直後から発生する緊急輸送を円滑に行うため、高速自動車国道、一般国道及びこれらを連絡する幹線道路等に第1次～第3次まで設定されており、この内都内の高速道路、環状7号線／8号線、第1京浜／第2京浜、甲州街道など主要な幹線道路及び各区市町村庁舎への連絡に必要な道路など、特に沿道の建築物の耐震化を推進する必要のある道路が特定緊急輸送道路に指定され、平成24年4月からある規模以上の沿道建築物の所有者に耐震診断の実施義務が条例により規定されました。（報告期限：平成27年3月31日）

は行

○日影規制（32ページ、他）

建築物に対する形態規制の一つで、周辺への日影の影響を一定以下にするように制限することが建築基準法で定められています。この規制が、マンションの老朽化が進むスピードに比してマンションの建替えが遅々として進まない理由の一つとなっています。特に都心部ではマンションが建設された後に施行された日影規制に適合していない既存不適格マンションが多数あります。既存不適格の建物は、再建築する場合に現在の法規に適合する必要があり建築できる床面積が大幅に減るケースがあるためです。

○法定容積率（50ページ、他）

敷地面積に対する延床面積の割合を容積率と言います。法定容積率には、都市計画法により用途地域別に指定された指定容積率の他に、建築基準法により前面道路の幅員に応じて決められた基準容積率があり、建築基準法による建築確認申請時には両者の低いほうが適用されます。

○保留床（41ページ、他）

事業者（マンション建替組合）が参加組合員（デベロッパー等の事業協力者）に売却することにより事業費を賄うための床のことを言います。

ま行

○マンション建替組合（13ページ、他）

マンションの建替えが決定すると「マンション建替法」に基づいてマンション建替事業を行う主体者として設立されます。同法によりこの組合の名称中に「マンション建替組合」という文字を用いなければならず、組合でない者はその名称中に「マンション建替組合」という文字を用いてはならないとされています。

○マンションの建替え等の円滑化に関する法律（以下「マンション建替法」）

（3ページ、他）

平成14年に制定され、直近では平成26年に改正されています。一般的には省略して「マン建て法」とか「円滑化法」等と呼ばれてきました。既存のマンションを建替える場合、管理組合の建替え決議で決定するところまでは「建物の区分所有等に関する法律」（区分所有法）に規定されています。しかし、その後の事業については、この「マンション建替法」が制定されるまでは等価交換方式（全員同意／前出）で進められていました。事業期間中の権利が不安定なことや、契約時になって合意を翻す権利者が出ると事業が進まなくなるリスクがあり、この法律が制定されました。

ら行

○リノベーション（111ページ、他）

よく似たことばに「リフォーム」があります。リフォームとリノベーションの違いは修繕と改修の違いと近しいと言えます。一般的にリフォームは壁紙やフローリングを張替えたり設備機器を新しくして新築当初に近づけるものですが、リノベーションは現在のライフスタイルに合ったプランに間取りや設備を変えてしまいそのマンションの当初の姿を超えて改修することを指します。

○路線価（66ページ）

路線価とは一般的に国税庁が相続税評価額として毎年1月1日における価額を7月1日に公表する、主な道路に面した1㎡の土地価格のことを指します。公示される地価は、この他国土交通省が3月下旬に公表する公示価格、都道府県が9月下旬に公表する基準地標準価格があり、同一物でありながら評価がそれぞれ異なることが一物三価と言われる所以です。路線価は他の2つより概ね2割程度安いのが通例と言われています。

■あとがき

実はいろいろな事情から、私がDIK小石川マンションの建替事業に携わったのは管理組合が建替え推進決議を終え、建替え決議を目指す頃から建替え決議を成立させ**マンション建替組合**を設立させる頃までの二年ほどでした。その後、この事業とは疎遠になっていたのですが事業半ばで富山理事長から「忘れないうちに建替えの苦労話を本にしたいので専門用語等の解説を書いてくれないか」との依頼が飛び込みました。これも苦労を共にした縁でしょうから二つ返事で担当させていただいたのが河出書房新社から発刊された「倒壊させてたまるか」でした。今回の「建替え待ったなし」ではマンション建替えについて解説がなくても理解しやすい文章を心掛けましたが、興味のある方は「倒壊させてたまるか」も手に取ってみて下さい。

そしてこの度は「倒壊させてたまるか」に対する反響を受け、富山理事長から「DIK小石川マンション建替事業の再建マンション（クレヴィア小石川後楽園）の竣工を期に、マンション建替えの検討に取組む理事や委員の方に向けて実体験からの話と建替えアドバイザーからの話をまとめて本として出しませんかというオファーがあり「建替え待ったなし」の出版に至りました。円滑化法に基づくマンションの建替えは数100棟を数えますが全国の旧**耐震基準**のマンション、老朽化が著しいマンションの数と比較すると微々たるものです。このままではマンションの老朽化が大きな社会問題となることは想像に難くありません。この本がマンション建替えに取組んでいる方々に、少しでも貢献できれば幸いです。最後にこの本の出版を提案してくださった富山義則氏、出版の企画編集を担当してくださったステレオサウンドの青木嘉基氏、DIK小石川マンションの建替事業に一緒にかかわった伊藤忠都市開発の寳田悠太氏、私をこの道に引きづり込んでくれた弊社の望月裕志氏、よく判からない頃にマンション建替えについてていねいに教えて下さった環境企画設計の堀口浩一氏に感謝の意を表します。

二〇二一年　清秋

本多伸行

※費用等に関しては基本は、マンション全戸及び平均値で検討

C 効果（得られるもの）
●耐震性能、躯体面の断熱性能、住戸間の遮音性能、空間の広さや天井高等以外は改善が可能 ●新築マンション同等の居住性能の確保は困難と考えられる ●資産価値の向上は難しい
●耐震診断をして耐震性能の向上が必要であっても実現可能な補強手段の確保が困難であったり、補強手段があっても合意形成が図れない場合がある
●現時点での耐震性能、階高、耐久性、安全性等の住居基本性能、及び最新のデザイン、仕様、設備機器、材料、セキュリティシステム、等の優れた居住環境

◆マンション再生手法の比較・検討　某マンションの事例

	A 総論	B 費用（経済的負担）
①計画修繕＋改修	●建替えない場合に、建物性能を可能な限り引き上げる手法 ●管理組合として計画修繕への対応が進められている ●コンクリートの中性化や老朽化が進み、今後の建物維持管理の費用を考慮すると、建替えとの費用対効果の検討比較が必要になる	●昨年作成の長期修繕計画によれば修繕費用の累計として10年後には約2億9千万円（約376万円/戸）、20年後には約5億2千5百万円（約681万円/戸）が想定されている ●本年の劣化診断から5年以内に検討すべき修繕の概算は約2億7千4百万円（約355万円/戸）
②耐震補強	●耐震診断を行っていないため建物としての最重要機能に対する判断材料が無い ●SRCのため一般的には丈夫な構造と言われているが診断の結果IS値が規準に届かない例も多数ある	●仮に耐震診断（の検討）をして規準に達していない状況であり、耐震補強が可能と考えられる場合の一般的想定：耐震診断（2次診断＋3次診断）500万円程度：耐震補強設計1500万円程度：耐震補強工事費3億円程度が目安となる（物件によるので見積りが必要）
③建替え（入居）	●現在のマンションを取壊して再建するため究極の再生手法 ●4/5以上の多数決で進められるが、還元率や負担金等の経済条件がポイントとなる	●無償で得られる権利床以上の広さの住戸を希望する場合は負担金が必要 ●引越し費用、仮住居費用が必要

※費用等に関しては基本は、マンション全戸及び平均値で検討

F 合意形成	備考・その他
●昨年末の通常総会において新たな長期修繕計画の承認、修繕積立金の変更（管理規約の変更）を3/4以上の賛成で可決されており計画修繕への理解と準備が進んでいる ●本年2月新たに建物劣化診断調査が行われ緊急性の高い修繕項目が挙げられているため新たな合意が必要	●SRCの建物の寿命は60年以上と言われているが修繕や維持管理の違いにより差が生まれる ●物理的な老朽化だけでなく遮音性能や断熱性能、天井高や室内空間の豊かさ、セキュリティや建物デザインと言った文化的側面の陳腐化は進行する
●補強方法が一部住戸の居住性に大きな影響を与える場合、合意形成は困難 ●耐震性能は向上するが居住性や快適性が変わらないため工事費の額により合意形成が難しくなる	●耐震診断はその結果の予測や耐震補強方法の実現性に明るい事務所と相談する必要がある ●耐震診断等に行政からの助成金が出る場合がある
●権利者数と議決権の4/5以上の賛成が必要 ●建替え決議成立まで最短で1.5年程必要	●補助金の可能性、従前資産評価（専有面積と土地持分）の検討、効用比（商業&住宅）の検討が必要 ●税制の優遇措置あり

◆マンション再生手法の比較・検討　　某マンションの事例

	D 工期	E 長所・短所
①計画修繕＋改修	●修繕改修項目による ●足場をかけて外壁やバルコニーの補修等を行う場合は2～4か月程度と想定	●建替え程ではないが現在のマンションの劣化部分の基本性能をかなり引き上げられる ●現時点では修繕を超えての改修工事は想定されていない ●計画修繕のため準備がしやすい、但し想定外の漏水事故等への対応は必要
②耐震補強	●補強手法によるが長い場合では半年～1年近くの工期が考えられる	●現在の耐震規準まで耐震性能を引き上げる補強方法があれば建築物の最も重要な機能が確保される
③建替え（入居）	●現在の居住者の退去が完了し、解体工事に着工してから再建マンションの竣工、引渡しまで3年～3年半程度が見込まれる	●平均で55%の還元率が見込める。現在と同等の階数で同面積（50㎡）の再建マンションを取得する場合、2000万円強の負担金が必要

※費用等に関しては基本は、マンション全戸及び平均値で検討

C 効果（得られるもの）
●転出補償金：約2,700万円(坪単価180万円) ●返還される修繕積立金はほぼ0と考えるべき
●敷地売却分配金(建替事業の場合よりは10%程度高くなる可能性あり) ●場合により希望者は再建マンションの優先分譲を受けることが可能
●各権利者が行うリフォームの項目とグレードによる

◆マンション再生手法の比較・検討　某マンションの事例

	A 総論	B 費用（経済的負担）
④建替え（転出）	●マンション建替事業に参加するが権利変換を受けずに補償金をもらって転出する、補償金と流通価格の差がポイントとなる	●費用負担は無し
⑤敷地一括売却	●H26年に建替え円滑化法の改正により制定、耐震性不足のマンションが対象 ●売却した土地に通常のマンションを建てるのであればマンション建替事業と同様になる ●立地特性が敷地売却のポイント	●敷地を一括売却して分配金を得るので経済的負担は無し ●優先分譲で床を買増す場合や代替物件を購入する場合はその条件による
⑥各戸で専有部分をリフォーム	●専有部分のリフォームであるため他の共用部の再生手法とは比較できない ●建替えによる再生の場合は専有部分は当然新築となる	●専有部分のリフォームについては各戸の判断となるが水回りも含めフルリフォームをする場合500万から1000万円/戸程度が想定される

※費用等に関しては基本は、マンション全戸及び平均値で検討

F 合意形成	備考・その他
●権利者数と議決権の4/5以上の賛成が必要 ●転出補償金が現在の流通価格を上回る必要がある最近の流通価格(160～170万円/坪)	●新築マンションを原価で取得できるメリットを放棄することとなる。 ●税制の検討が必要(取得時期により差がある)
●権利者数と議決権の4/5以上の賛成が必要 ●売却代金-売却経費が現在の流通価格を上回る必要がある	●耐震診断の結果によっては成立しない可能性ある ●敷地一括売却に進むには市場調査が必要
●他の住戸の権利者との合意形成は不要	●区分所有者にとって独立した選択肢

◆マンション再生手法の比較・検討　　某マンションの事例

	D 工期	E 長所・短所
④建替え（転出）	●マンション建替事業に参加するが権利変換を受けずに補償金をもらって転出する、補償金と流通価格の差がポイントとなる	●費用負担は無し
⑤敷地一括売却	●敷地売却決議が成立した後、売却組合を設立し分配金取得計画認可の後、敷地を売却 ●その後は買受人の事業となるので建替え組合より事業期間は短い	●耐震診断を行い行政より除却認定を取得する必要あり ●前項の費用も含め、行政の許認可取得、借家人対策等で1～1.5億程度の経費がかかる（1住戸200万円程度）売却代金から支出が必要
⑥各戸で専有部分をリフォーム	●専有部分のリフォームは内容によるが全面リフォームには1.5～2.5か月程度の退去が必要と考えられる	●権利者の判断と負担で内部居住空間をいつでも快適に改修可能 ●建物の躯体や外壁等の共用部は別

本多伸行（ほんだ・のぶゆき）
1954年生まれ。株式会社新都市開発機構代表取締役。再開発プランナー、マンション建替えアドバイザー、一級建築士。1978年に早稲田大学理工学部建築学科を卒業後、株式会社フジタに入社。ホテルや事務所、大型マンションの建築設計および監理業務を担当。2003年に株式会社新都市開発機構に移籍。マンション建替事業 市街地再開発事業を手掛ける。2004年から千葉県で円滑化法に基づく団地一括建替えの第一号となる「稲毛台住宅マンション建替事業」を担当し、推進決議から竣工引渡しまでを3年半の短期間で実現した。2013年同社代表取締役に就任。現在にいたる。

富山義則（とみやま・よしのり）
1953年生まれ。フリーランスフォトグラファーとして出版を中心に数々の仕事をこなしながら、自然や歴史をテーマに数多くの写真展を催している。1970年代から90年代にかけて人気を博したカウンターカルチュアを代表する「別冊宝島」の表紙や「田舎暮らしの本」などを手がけ、現在は「琉球古道」をテーマとした沖縄の歴史遺産、沖縄ビーチに興味を持ち撮影を続けている。 2016年には、2008年に生産が中止となった期限切れのポラロイドフィルムを使った写真集を出版するなど、その斬新な試みも注目される。

取材協力　伊藤忠都市開発株式会社
株式会社 URリンケージ
DIKマンション小石川管理組合

建替え待ったなし

2021年10月20日　初版第一刷発行

著者　本多伸行／富山義則
装丁　ヒヌマデザイン
発行者　原田 勲
発行所　株式会社ステレオサウンド
〒158－0098
東京都世田谷区上用賀5-12-11
電話03（5716）3222
印刷・製本　株式会社シナノ
◎落丁、乱丁は送料弊社負担にてお取替えいたします。

ISBN 978-4-88073-460-6